# Cartilla para catalogar

Alicia Sánchez

# CARTILLA PARA CATALOGAR

FUNDACIÓN UNIVERSITARIA ESPAÑOLA

Publicaciones
de la
FUNDACIÓN
UNIVERSITARIA
ESPAÑOLA

De rerum bibliothecarum – 7

FUNDACIÓN UNIVERSITARIA ESPAÑOLA
Alcalá, 93. 28009 Madrid
Tf: 91 431 11 93 – 91 431 11 22
Fax: 91 576 73 52 e–mail: fuesp@fuesp.com

ISBN: 978-84-19672-38-4
eISBN: 978-84-19672-39-1
Depósito Legal: M-23387-2024

A la profesora María Rosa Garrido Arilla,
por enseñarme a catalogar, entre otras cosas.

A Henriette Avram, por escoger las matemáticas.

# SUMARIO

# SIGLAS FRECUENTES

AACR: Anglo-American Cataloguing Rules
AACRl: Anglo-American Cataloguing Rules, first edition
AACR2: Anglo-American Cataloguing Rules, second edition
ALA: American Library Association
BL: British Library
BNE: Biblioteca Nacional de España
CDU: Clasificación Decimal Universal
DC: Dublin Core
FRAD: Functional Requirements for Authority Data
FRBR: Functional Requirements for Bibliographic Records
FRSAD: Functional Requirements for Subject Authority Data
GARE: Guidelines for Authority Records and Reference Entries
IBERMARC: MARC adaptado por Biblioteca Nacional de España
ICA: International Council on Archives
IFLA: International Federation of Library Associations and Institutions
IMCE: International Meeting of Cataloguing Experts (Copenhague, 1999)
ISAD (G): International Standard Archival Description (General)
ISAAR (CPF): International Standard Archival Authority Record (Corporate Bodies, Persons and Families)
ISBD: International Standard Bibliographic Description

ISBD (A): International Standard Bibliographic Description (Antiquarian)

ISBD (CF): International Standard Bibliographic Description (Computer Files)

ISBD (CM): International Standard Bibliographic Description (Cartographic Materials)

ISBD (CP): International Standard Bibliographic Description (Component Parts)

ISBD (G): International Standard Bibliographic Description (General)

ISBD (M): International Standard Bibliographic Description (Monographs)

ISBD (NBM): International Standard Bibliographic Description (Non-Book Materials)

ISBD (PM): International Standard Bibliographic Description (Printed Music)

ISBD (S): International Standard Bibliographic Description (Serials)

ISBN: International Standard Book Number

ISO: International Standards Organization

ISSN: International Standard Serial Number

JSC: Joint Steearing Committee

LC: Library of Congress (Washington)

LRM: Library Reference Model

MARC: Machine Readable Cataloging

OPAC: Online Public Access Catalog

RDA: Resource Description and Access

# PRÓLOGO

Los profesionales en Información y Documentación son generadores de multiplicidad y diversidad de metadatos. En el contexto académico y profesional, la catalogación es la principal tarea que crea metadatos relativos a materiales librarios y no librarios. Cuando se vincula el concepto de metadatos al de catalogación bibliográfica muchas personas se sorprenden por una falsa asociación del primero de los conceptos mencionados, metadato, a entornos con un fuerte componente tecnológico. Puede que esa mencionada sorpresa se pueda justificar por el uso reiterado del término tras los avances tecnológicos acontecidos y que han incrementado su frecuencia de uso. Nos situaríamos en el caso de los recursos digitales, entre otros posibles ejemplos.

La etimología y definición del término catálogo facilitadas por el *Diccionario de la Real Academia Española* nos advierte que procede del latín catalŏgus, y este a su vez del griego κατάλογος (katálogos) como «lista, registro», considerando que la definición pasa por una relación ordenada en la que se incluyen o describen de forma individual libros, documentos, personas, objetos, entre otros; que están relacionados entre sí, en un sentido figurado. Adviértase, que en ningún momento se utiliza el término dato. Así, el resultado del proceso de catalogación bibliográfica no hace explícito el rol primordial de los datos o metadatos.

Con esta propuesta, desarrollada por la profesora Dra. Alicia Sánchez Díez, los profesionales cuentan con una obra de consulta o referencia para solventar multitud de necesidades de formación con un único y fundamental objeto: la catalogación.

El segundo capítulo propuesto en esta cartilla, al igual que ha ocurrido con muchas de las funciones asignadas a estos profesionales, se centra en explicar que el proceso de catalogación está sujeto a estándares y normas que han dotado de coherencia, estabilidad e interoperabilidad los silos de metadatos gestionados por las instituciones bibliotecarias. Como un paso más allá respecto de un formato tan estandarizado como MARC 21, el complejo artefacto de la semántica permite incrementar esas tres características tras un ejercicio más de consenso para que queden los datos bibliotecarios ajustados a lo que proponen los modelos de datos bibliográficos: los FRBR o BIBFRAME.

En una profesión como la nuestra, la precisión terminológica es un reto sobradamente justificado que no siempre se consigue. Contamos con el tercer capítulo, que se completa con un glosario, para iniciarnos o mantenernos expresándonos con precisión.

Los docentes y discentes avanzan en el proceso de catalogación por la importancia que él supone. Sin descripciones correctas, elementos que permitan el acceso a las colecciones y el posterior proceso de recuperación, no se realizaría un ejercicio de transparencia de los fondos bibliográficos para alcanzar un fin que siempre está guiado por las necesidades de los usuarios constantes o cambiantes, pero que son la razón por la que la teoría y práctica se aúnan. Los capítulos cuarto y quinto exponen los argumentos para que nunca dejemos de considerar la función esencial con la que cumple la catalogación.

Con un tono muy cercano, en el sexto capítulo la profesora pone a nuestra disposición una herramienta dotada de una maestría a resaltar y así contar con un método sistémico para comenzar a catalogar, desarrollar y concluir el proceso con la profesionalidad que se espera.

Los capítulos séptimo y octavo tienen una extensión más breve que otros, si bien debemos destacar el fondo de ambos. El esquema catalográfico aportado habilita una comprensión visual, fácil y precisa. A continuación, sigue la plantilla para soportar todo ese proceso de automatización de los datos bibliográficos ajustados al formato legible por máquina propuesto por Henriette Avram o MARC, actualmente, MARC 21. Los catalogadores del pasado añorarán haber contado con ella; y los del futuro, disfrutarán de ella.

Si hasta este momento el lector no ha identificado suficientes motivos, en el noveno capítulo todo confluye y toma sentido. En él la autora presenta un grupo formado por diez ejercicios resueltos. Con ellos se pone en práctica todo lo que un buen catalogador tiene que conocer, si bien va más allá. Cada solución va acompañada de una detallada explicación que justifica cada una de las decisiones que se han tenido que tomar durante el proceso de catalogación. Por ese motivo, aunque más extenso que los capítulos previos, éste se vuelve esencial y cierra el círculo tanto de esta cartilla como de los profesionales «cbr»: **c**atalogan, catalogan **b**ien y catalogan **r**azonadamente.

Y en ese punto, el décimo capítulo justifica la razón por la que los profesionales se tienen que caracterizar como buenos catalogadores. Sin lugar a duda se hace entrega al lector del gran reto que pasa por convertirse en un profesional con competencias que transcienden a la mera memorización de los contenidos teóricos en forma de marcos o normas.

El ya mencionado glosario trasciende al dominio de esta cartilla y se va a utilizar en muchos otros contextos académicos formativos por su detalle y profundidad. Con los riesgos que supone contar con una publicación fechada en un momento temporal determinado, la profesora se ha aventurado a facilitar una bibliografía que para el objeto de la cartilla resulta crucial. Además, como ella advierte, en algunos casos está comentada para que el lector cuente con una aportación más allá de la mera referencia bibliográfica.

Si en la introducción la autora avanza que su propuesta parte de las dificultades identificadas en su estudiantado, se predice que con todo lo aportado en esta obra muchas de ellas –o quizás todas– se solventarán.

MARÍA ANTONIA OVALLE PERANDONES
Directora del Departamento de Biblioteconomía y Documentación
*Universidad Complutense de Madrid*

# 1. INTRODUCCIÓN

Desde la publicación de los **FRBR** –no se preocupe ahora por saber qué significa esta sigla–, se viene produciendo un cambio de paradigma que está afectando a todas y cada una de las estructuras, normativas, esquemas, formatos e instrumentos relacionados con la **catalogación** de **recursos**, con su descripción y representación. Esta revolución ha conducido a la revisión de todas ellas y a la adaptación tanto de sus postulados como de la terminología empleada para su formulación. A su vez, estas renovaciones han motivado reflexiones y análisis que han afectado a todas las concepciones hasta ahora implicadas en este campo científico-técnico, desde los **Principios de París** hasta la **RDA**.

Es necesario afrontar y asumir estos cambios si pretendemos mejorar, de forma generalizada, la recuperación de información, aumentar el intercambio internacional de datos, avanzar en el despliegue de aplicaciones de la web semántica o en aquellas que relacionan el **análisis documental** con la inteligencia artificial, pues todo ello basa su éxito, en gran medida, en las formas de descripción y catalogación de recursos, datos e información.

De la necesidad de actualizar el vocabulario y conceptos de la catalogación en el marco de la enseñanza-aprendizaje de esta, así como de la carencia de algún tratado que ofrezca un método de trabajo sencillo, que permita al catalogador afrontar con éxito su labor –un método, no un estándar o una norma–, surge esta cartilla.

Es, por tanto, recomendable para el estudiantado de los grados de información, biblioteconomía y documentación; de los másteres relacionados con la gestión de la documentación en general o especializada; o de títulos propios u otras titulaciones, regladas o no, que expongan materias o asignaturas relativas al análisis documental o al tratamiento de recursos en unidades de información y documentación, bibliotecas, museos e instituciones custodias de materiales que deben ser puestos a disposición de un **usuario** y que, por ello, demandan una descripción adecuada a sus propias características. También espero sea de utilidad para quienes deciden opositar al Cuerpo Facultativo de Archiveros, Bibliotecarios y Arqueólogos o enfrentarse a cualquier proceso de oposición o selección de personal en el que la práctica de la catalogación sea valorada. Asimismo, el personal que, sin una formación especializada, se ocupa de una biblioteca institucional o se hace cargo de la biblioteca de su centro de enseñanza, su local municipal, las cajas almacenadas en un sótano o ático y que pretenden ser puestas en valor, etc., puede encontrar en esta cartilla una ayuda metodológica práctica y unas referencias instrumentales y bibliográficas suficientes para abordar su labor.

Porque, como profesora de catalogación, he observado las dificultades que padece el estudiantado, no para aprender a manejar la normativa vigente, sino para aplicarla de forma efectiva y eficiente por no contar con un manual básico actualizado a las nuevas corrientes teórico-metodológicas; problemas, en ocasiones graves, al realizar una **descripción bibliográfica** o la catalogación de una monografía, no por no saber utilizar el estándar local o por no haber practicado lo suficiente –realmente existen manuales prácticos interesantes con los que contamos a día de hoy–, sino por no contar con un procedimiento, un trazado de camino a recorrer, sencillo y estructurado, fiable, que nos asegure la obtención de un buen **registro catalográfico** final. Insisto, no ya de saber aplicar la norma, porque para ello solo hay que leerla; sino de llegar a ella.

En esta cartilla se intenta primar la sencillez en el método y un estilo de expresión alejado de academicismos frente a la exhaustividad, sin perder por ello el rigor científico y la precisión técnica esperados. No encontrará aquí una explicación severa de todas aquellas cuestiones abordadas, tampoco un razonamiento pormenorizado acerca de la aplicación de una norma o ejemplificaciones de reglas determinadas, si bien debe entender que estas estarán presentes en los siguientes capítulos y que lo incluido se basa e inspira en ese nuevo paradigma. Por ello, la terminología y las expresiones que encontrará pueden llamarle la atención si es usted ya un profesional de la documentación, de la catalogación o de las bibliotecas; si es un aprendiz que se acerca a la catalogación con su hoja mental vacía y limpia de conocimiento, este asunto no le soliviantará.

Tampoco encontrará aquí profusión de ejemplos prácticos resueltos y explicados. No se trata esta de un manual o cuaderno de prácticas sino, más bien, de un prontuario, un tratado breve y elemental acerca de lo necesario para catalogar hoy día un recurso, al que se suma un método para afrontar la catalogación con éxito y unos ejercicios resueltos básicos en los que observar su aplicación. Para ello, a lo largo del texto se han marcado en negrita –la primera vez que aparecen en el capítulo– aquellos términos conectados e integrados en un glosario, un índice y una bibliografía, lo que convierte a la cartilla en una herramienta de consulta.

Como tal, no se vea obligado a leerla linealmente, siguiendo el orden normal de los capítulos. Puede obviar aquellos que no le interesen o de los que ya tenga conocimientos, leer aleatoriamente solo el que necesite o leerlo todo, en el orden propuesto, lo que recomiendo si es usted lego en la materia. Por esta misma razón, es posible que encuentre alguna idea recurrente en distintos capítulos. Descarte el error, la reiteración es consciente y le servirá para afianzar los conocimientos por repetición.

En la cartilla puede encontrar, en primer lugar, una breve relación historiada y comentada de las normativas, estándares y modelos vigentes, cuyo conocimiento, al menos básico, considero necesario para afrontar un buen proceso catalográfico. Entre otros se definirán **FRBR**, **LRM**, **ISBD**, **MARC**, **RDA** y **DC**.

A continuación, se tratará el asunto del vocabulario, la terminología y la definición de los conceptos básicos que usted debe conocer pero también manejar, interiorizar y habitar si pretende considerarse un buen catalogador o catalogadora. Como se apuntaba en líneas anteriores, se ha producido una gran renovación teórica que conlleva un profundo cambio en la nomenclatura que hasta ahora utilizábamos en el campo del análisis documental y, en especial, para la descripción y catalogación de recursos.

El saber por qué catalogamos y para qué es fundamental para el buen profesional. Repetiré, a lo largo de esta cartilla, que no hay una única descripción catalográfica correcta para un recurso determinado, sino varias. Y ello va a depender de distintos factores, como pueden ser las características de nuestro fondo o las de nuestros usuarios. Los estándares y modelos deben entenderse como normativas flexibles –oxímoron que debe asumir–, mediante las que el catalogador debe describir teniendo muy en cuenta su entorno. En el momento de la descripción, de la práctica de la catalogación, deberá tomar decisiones fruto del análisis de las características de su centro y su entorno (lugar en el que se ubica y personas usuarias que lo habitan), teniendo presentes los asertos relativos a por qué se cataloga y para qué o para quién, en el contexto actual.

Visto lo anterior, estará preparado para entender el método para catalogar que aconsejo en el siguiente capítulo, al que acompañan un esquema catalográfico ISBD y una plantilla MARC 21 diseñadas para facilitar el aprendizaje.

Ejercite el método con la selección de prácticas resueltas formuladas a continuación e ilustradas con comentarios explicativos sustanciosos y detallados, que reúnen constantes referencias a las normas, estándares y principios en uso a día de hoy. Con ellas se pretende iniciar a la praxis, enfrentarle al desafío de retarse a sí mismo, de comprobar si la lectura de la cartilla ha merecido la pena. ¿Acepta el duelo?

Por último, y como cierre, le propongo la lectura de un *Decálogo del buen catalogador*, inspirado en los decálogos elaborados por mis propios estudiantes a lo largo de los últimos cursos. Esta cartilla no existiría sin ellos, a los que agradezco todo lo que me han enseñado.

# 2. MODELOS, ESTÁNDARES Y NORMAS

–¿Qué es la **RDA**? –pregunta una estudiante que acaba de iniciar su formación en catalogación. Y cuando formula esta cuestión suspiro en profundidad. Perdóneme lector del futuro pero, hoy en día, la RDA es una norma para la **descripción** y el acceso a **recursos** basada en una formulación teórica alejada de la, hasta ahora, comúnmente conocida. Suspiro entonces porque responder a esa pregunta nos lleva algo de tiempo. Elijamos un lugar cómodo, sentémonos y hablemos –observe con atención los términos que utilizo y trate de asumirlos. Use el glosario y el índice analítico si la palabra se destaca en negrita; consulte el listado de siglas siempre que lo necesite–:

La **catalogación** es un proceso técnico, una operación de tratamiento documental que forma parte del **proceso documental**. Formulada de ese modo parecería que la catalogación es una práctica ciertamente automática y este es, precisamente, el primer error que comenten los estudiantes al iniciar su formación en esta área: pensar que catalogar es un procedimiento mecánico en el que simplemente tienen que aplicar un estándar (el **ISBD**) y un formato (el formato **MARC**) a un recurso; abrir la norma, leer y aplicar. Siento defraudarle, no es tan simple.

Volvamos al proceso documental. Fíjese en el siguiente esquema, que representa (demasiado breve y resumidamente) el proceso que trata de poner en relación el **recurso** de nuestro fondo con el **usuario** que lo necesita:

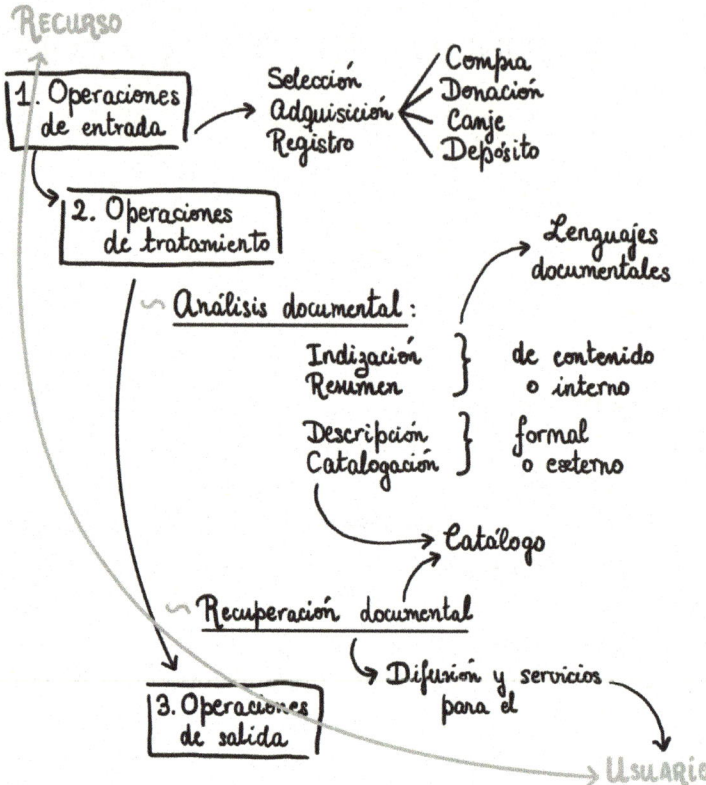

Fig. 1. El proceso documental en un centro o **unidad de información y documentación**.

Entre las operaciones de tratamiento, destaca el **análisis documental** o también denominado descripción analítica del recurso. Esta descripción debe incluir aspectos relativos al contenido del recurso (lo que se consigue mediante la indización, la clasificación y el resumen documental, procesos intelectuales de los que se obtiene la respuesta a las preguntas ¿de qué trata? o ¿qué información contiene?) y también a su forma y contexto de producción. La descripción de estos últimos dos aspectos permitirá localizar el recurso, ayudarán a nuestro usuario a encontrarlo, a ubicarlo.

Del análisis formal del recurso se obtiene su descripción, no sin antes realizar un análisis o estudio que permite extraer de él los datos que consignaremos en ella. El conjunto de descripciones forma un **catálogo**. Para movernos –navegar– a través del catálogo se crean los denominados **puntos de acceso**. El conjunto de registros que describen a los **puntos de acceso normalizados** se viene denominando **catálogo de autoridades**. Observe que no utilizo el término **encabezamiento** como sinónimo de punto de acceso normalizado en estos párrafos. Es un vocablo que aún escuchará pero que no figura en las normas actuales.

Los puntos de acceso normalizados se añaden a la **descripción documental**. El conjunto o a la suma de la descripción y los puntos de acceso de cada registro se denomina **registro catalográfico**. La operación de obtención de dichos catálogos se denomina **catalogar**. Al profesional experto en diseñar, desarrollar, actualizar, modificar, eliminar, migrar, poblar, etc. catálogos se le denomina catalogador o catalogadora.

–No obstante, en una oferta de trabajo publicada en una web leí: «Se busca creador de metadatos». ¿Este perfil laboral también es el de un catalogador?

No comparto la idea de nombrar o usar *creador de metadatos* –o semejantes apelativos que en ocasiones se encuentran en la web– para designar al profesional que describe un recurso utilizando lo que se califica como metadatos, estándares, estructuras o esquemas de metadatos. Pareciera que el término metadato se asocia a usos de normativas modernas y que otras, como por ejemplo el MARC –del que hablaremos a continuación–, no lo son. Sin embargo, considero el formato MARC una forma de etiquetado descriptivo de carácter numérico y uno de los primeros esquemas de metadatos del área. Y no va usted a encontrar la expresión creador de metadatos referida al catalogador que utiliza MARC para automatizar sus descripciones –téngase en cuenta que MARC se formula en 1966 y se usa desde entonces–. Cuidado con las moderneces…

Volvamos al proceso documental, ¿cómo se realiza esa descripción del recurso? El ser humano lleva organizando sus bibliotecas desde hace siglos y, para ello, emplea la clasificación y la descripción como técnicas que se han ido perfeccionando y optimizando. De lo que se trataba entonces y ahora es, prácticamente, de lo mismo: conseguir localizar un recurso, poner en conexión un recurso con un usuario, conseguir que encuentre y recupere el recurso que realmente necesita y no otro. Sin embargo, hoy día, a diferencia de antaño, los materiales no solo están almacenados en un lugar físico y en un número finito, sino que los podemos recuperar de cualquier lugar, desde cualquier parte del mundo. Y, respecto a su número, no diré que es infinito, si bien recordaré las palabras de Ortega [1962: 87-89] –tórnese el término libro por recurso y verá multiplicado su efecto–:

> Hay ya demasiados libros. Aun reduciendo sobremanera el número de temas a que cada hombre dedica su atención, la cantidad de libros que necesita injerir es tan enorme que rebosa los límites de su tiempo y de su capacidad de asimilación. La mera orientación en la bibliografía de un asunto representa hoy para cada autor un esfuerzo considerable que gasta en pura pérdida. Pero una vez hecho este esfuerzo se encuentra con que no puede leer todo lo que debería leer. Esto le lleva a leer de prisa, a leer mal y, además, le deja con una impresión de impotencia y fracaso, a la postre de escepticismo hacia su propia obra. Si cada nueva generación va a seguir acumulando papel impreso en la proporción de las últimas, el problema que plantee el exceso de libros será pavoroso [...]. Hay, pues, que crear una nueva técnica bibliográfica de un automatismo riguroso. En ella conquistará su última potencia lo que vuestro oficio inició siglos hace bajo la figura de catalogación[1].

---

[1] Extracto del discurso inaugural del Congreso Internacional de Bibliotecarios de 1935.

Actualmente, el proceso documental se atisba complejo, si tenemos en cuenta la deslocalización de recursos, su enorme variabilidad y tipología, la misma que presentan los usuarios, las características de estos últimos, la brecha digital que se observa entre ellos y otras variables; sin embargo, contamos con formas de descripción normalizadas y de carácter internacional que simplifican en gran medida la tarea. Estos instrumentos, que se expondrán a continuación, llevan corrigiéndose y completándose muchos años, adaptándose a la realidad bibliotecaria, en un principio, y documental actualmente, juzgo que ávida y brillantemente. El penúltimo gran avance tecnológico de nuestra civilización, internet, volvió a retar a las agencias encargadas de los procesos de actualización y revisión de normativas, como la **IFLA**, que han sabido responder a tal magnitud de revolución con una adaptación igualmente rápida y ágil. Y digo penúltimo porque mientras escribo estas líneas, los desarrollos de la IA generativa (ChatGPT es la aplicación actual de moda pero otras le seguirán), inician lo que creo que se convertirá en otra gran convulsión tecnológica en nuestras sociedades, a la que nos debemos acomodar.

Para llegar hasta este punto, antes, en 1997, se publicaron los **FRBR** [2004], los cuales, en primera instancia, nos vienen a advertir de que ya no es posible circunscribir nuestras descripciones a las ediciones de los recursos, como se venía realizando hasta ahora; que los materiales actuales presentan características que no permiten ser descritos con las formas vigentes; y que no debemos limitarnos a pensar en quienes los usan únicamente como lectoras, estudiantes o investigadoras sino también como editores, libreras, infonomistas, administradores de los derechos de la propiedad intelectual, estadistas, documentalistas, profesionales de la sanidad... y, por supuesto, máquinas u ordenadores [2004: 42].

Los FRBR ofrecen un **modelo conceptual** basado en el modelo teórico que, precisamente, emplean las bases de datos y los sistemas integrados que almacenan los registros catalográficos, el modelo entidad-relación.

¡Cuidado ahora!, voy a explicarle el modelo conceptual que rige los procesos de catalogación actuales. Intentaré desarrollar una explicación didáctica, pero lo abstracto del mismo requiere toda su atención y una mente abierta, ¡concéntrese!:

Un modelo conceptual define una forma de representar una idea o procedimiento mediante un esquema –estoy siendo desmedidamente simplista, perdónenme los filósofos–. El esquema que la IFLA adoptó para representar su idea más original es el esquema denominado entidad-relación. Este es el mismo que se utiliza para el modelado de bases de datos, es decir, para el diseño tecnológico-conceptual de los catálogos que van a contener nuestras descripciones.

En este modelo, las ENTIDADES (sustantivos) se representan enmarcadas en un rectángulo y las RELACIONES (verbos) que se establecen entre ellas se representan enmarcadas en rombos. Tanto las entidades como las relaciones pueden tener ATRIBUTOS (características) que los significan o describen. Por ejemplo:

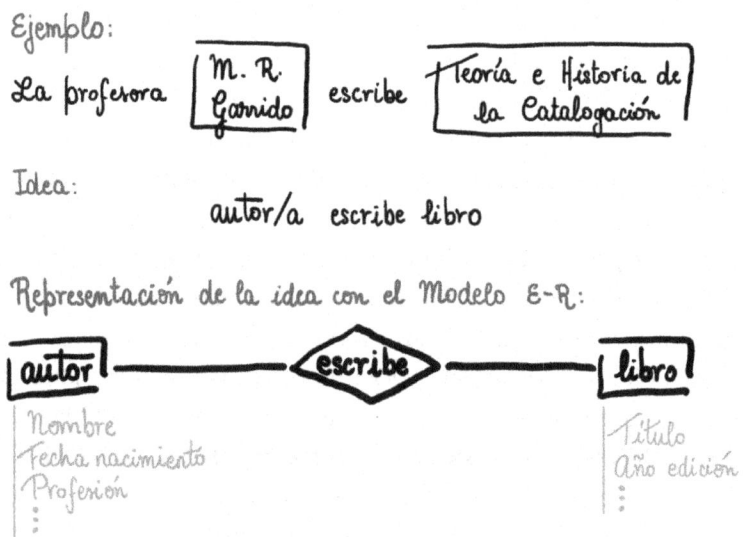

Fig. 2. Representación de una idea con el Modelo E-R.

El modelo conceptual entidad-relación también contempla la posibilidad de establecer restricciones que limitan el tipo de estructuras que es posible representar mediante el modelo como pudiera ser el número o características de los valores que pueden tomar los **atributos** de una **entidad** o imponer condiciones al tipo de **relación** entre dos entidades. Por ejemplo: un libro siempre tiene, al menos, un autor (aunque este sea desconocido).

Además, el modelo define otros conceptos, como el de cardinalidad, relacionado con el número máximo y mínimo de ocurrencias que puede tener una entidad en relación con otra. Por ejemplo: un autor puede ser responsable de la publicación de, como mínimo, un recurso y, como máximo, varios o muchos. Estos posibles valores que pueden tomar las entidades se determinan por medio de la cardinalidad. Por último, el modelo permite establecer relaciones de dependencia entre entidades, generando jerarquías, generalizaciones y herencias. Así, la entidad Título puede ser una generalización de las entidades Título propiamente dicho, Título paralelo, Título dependiente, Título colectivo, etc.

Para convertirse en un experto en este modelo puede consultar los manuales de Adoración de Miguel [2001] y Abraham Silberschatz [2007].

Bien, los FRBR adoptan en su formulación esta forma de representación de ideas y conocimiento, el modelo conceptual entidad-relación. En primer lugar, los FRBR analizan y describen las necesidades de las personas –y máquinas– usuarias que consultan los registros catalográficos, que los buscan, los identifican, localizan y obtienen la información que necesitan. Basándose en el estudio que desarrollan respecto a los requisitos que deben cumplir los registros para satisfacer estas necesidades y teniendo en cuenta tanto la diversidad de formatos y tipos de recursos, como los avances tecnológicos relacionados con la automatización de esos registros así como las formas que necesitan para compartirlos, formulan las características que deben presentar las entidades y las relaciones del modelo bibliográfico.

Así, las entidades que proponen son: obras, expresiones, manifestaciones e ítems; personas y entidades corporativas; conceptos, objetos, acontecimientos y lugares. Además se explican las relaciones que se producen entre ellas.

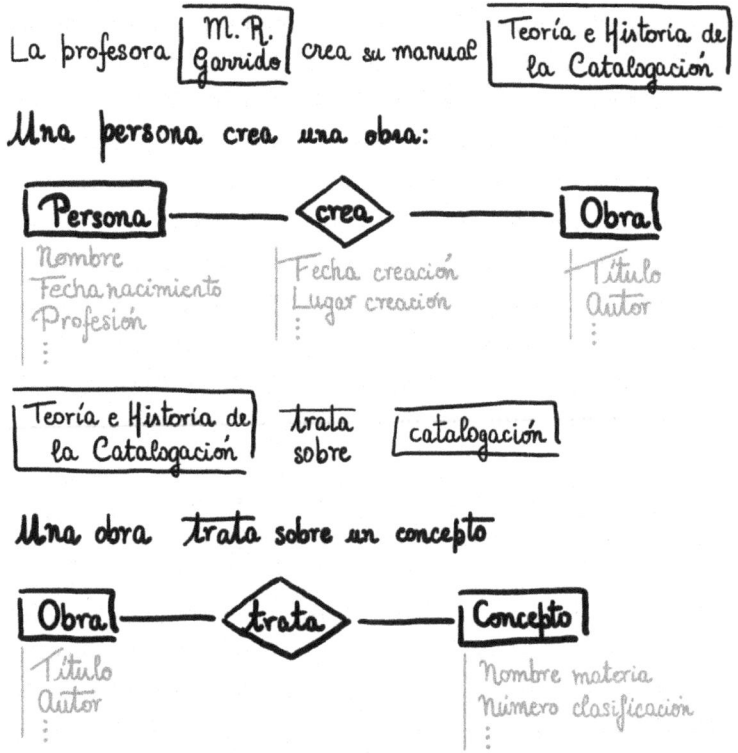

Fig. 3. Una persona crea una obra. Una obra trata sobre un concepto o materia.

Hasta ahora, hemos venido formando catálogos con descripciones de las ediciones de los materiales publicados. Así, cuando una nueva edición de un texto llegaba a la biblioteca, el equipo catalogador creaba un nuevo registro catalográfico para describir esa nueva edición. Los catálogos, hasta ahora, contienen descripciones de ediciones, ¿se había dado cuenta?

¿Y qué sucede si un usuario quiere localizar todas las ediciones, variaciones, formatos, etc. de un mismo *texto*, publicados incluso bajo títulos o denominaciones diferentes? Los catalogadores dieron respuesta a esta pregunta creando los, hasta el momento denominados, **títulos uniformes** –y que en adelante usted denominará **Forma normalizada del título** o **Título preferido**–.

Pues bien, los FRBR, cambian radicalmente este planteamiento y proponen la descripción de los recursos mediante la distinción de los siguientes conceptos –entidades– y sus relaciones:

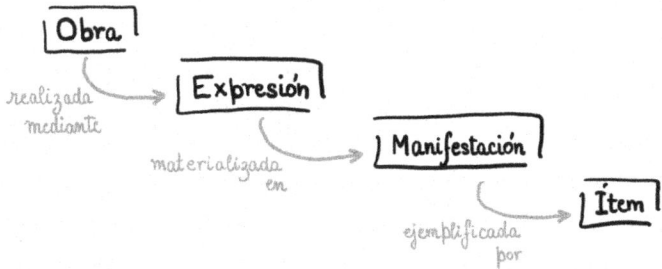

Fig. 4. Gráfico tomado de los FRBR. Entidades y relaciones primarias [2004: 42].

**Obra**: Se debe entender una obra como una entidad abstracta, sin materialidad, que agrupa expresiones intelectuales o artísticas equivalentes o aproximadas. Es una realidad conceptual, no concretada en ningún objeto material definido. Según el **LRM** –se lo presentaré más adelante–, la obra es el conjunto de conceptos e ideas que forman el contenido de lo que definimos como expresión de la obra. Así, la obra se percibe a través de los contenidos comunes que encontramos en dichas expresiones. Una obra nace simultáneamente con la creación de su primera expresión, ya que ninguna obra puede existir sin que exista o haya existido en algún momento una expresión de la misma. Así, para reconocer una obra deberán examinarse todas las expresiones. Un ejemplo de obra puede ser: La novena sinfonía de Beethoven; la sinfonía que el autor planteó en su cabeza, la abstracción de la sinfonía que compuso.

**Expresión**: LRM nos dice que una expresión es una combinación de signos identificales de cualquier forma o naturaleza (signos visuales, auditivos o gestuales) capaces de transmitir el contenido intelectual o artístico de una obra. Al igual que la obra, la expresión es una entidad abstracta, sin materialidad, independiente del soporte utilizado para registrarla. Se trata de la forma intelectual o artística en la que se plasma una obra cada vez que es realizada. Puede incluir palabras concretas, oraciones, párrafos, fotografías, notas musicales, sonidos, etc., convirtiéndose en la realización de la obra. La expresión nace al mismo tiempo que su primera manifestación, no puede existir una expresión sin que esté materializada en una manifestación concreta. Al conjunto de todas las expresiones de una misma idea o concepto se le denomina obra y, por otra parte, una expresión es el conjunto de todas las manifestaciones en que esta se materializa. Un ejemplo de expresión de la obra Sinfonía no. 9 de Beethoven puede ser: el conjunto abstracto de notas y signos de carácter musical que conforman la partitura de la novena sinfonía y que compuso el autor. Otra expresión distinta de la misma obra puede ser: la interpretación que de la novena sinfonía realiza el director de orquesta Barenboim; la interpretación abstracta que ese director realiza de la obra.

**Manifestación**: La manifestación es el conjunto de expresiones de una obra que se materializan en un soporte o grupo de soportes concretos. Así, las manifestaciones de una misma obra comparten entre sí el contenido intelectual o artístico de la expresión y una forma física o material determinada. El conjunto de manifestaciones concretadas en un soporte conforma la expresión y una manifestación será, a su vez, el conjunto formado por todos los ítems o ejemplares de ella. La manifestación podrá definirse atendiendo a las propiedades y atributos de cualquiera de sus ítems. Un ejemplo de manifestación de la expresión partitura de la Sinfonía no. 9 de Beethoven puede ser: la partitura materializada en un cuadernillo de papel donde el lenguaje musical se presenta en el sistema de escritura braille. Otra manifestación de la misma expresión puede ser: la partitura con el conjunto de notas y signos musicales en un formato pdf incrustado en el XML de una página web. Al respecto de la expresión de la obra mediante la interpretación de Barenboim, una de sus manifestaciones puede ser: su materialización en un audio soportado en un disco compacto que se publica y comercializa con una tirada de mil ejemplares.

**Ítem o Ejemplar**: Un ejemplar de una manifestación es un objeto físico concreto y único de la manifestación. El ejemplar, con su materialidad, muestra todas las características que definen a la manifestación en sí misma. Es un caso concreto de los que forman la manifestación. De la última de las manifestaciones ilustradas, un ejemplar sería: un disco compacto concreto de la tirada de los mil que se han publicado y que puede estar manuscritamente dedicado por el autor. En el caso de la manifestación de la obra materializada en una partitura en soporte papel, un ejemplar de esta puede ser: un cuadernillo concreto, de todos los que conforman la edición, con sus anotaciones manuscritas al margen, con sus rozaduras y marcas propias y únicas.

Dicho esto, reflexione, ¿con cuál de estas cuatro entidades cree usted que se equipara una edición de un recurso cualquiera? Efectivamente, en cierta manera, las ediciones que vienen catalogándose actualmente se pueden asimilar con las denominadas manifestaciones del nuevo canon. Es decir, hasta ahora hemos estado catalogando manifestaciones de expresiones de una obra. Y, si lo piensa bien, durante los procesos de catalogación de las numerosísimas ediciones de materiales hemos invertido tiempo y recursos materiales en repetir constantemente los mismos datos (título, autor, etc.) en los registros catalográficos de manifestaciones de la misma obra que ahora pueden reducirse a una transcripción única. Efectivamente, teniendo en cuenta los elementos de descripción del ISBD (título, autor, serie, páginas, número normalizado, antiguo poseedor, etc.), algunos sirven para describir una obra (como el título), otros son válidos para la descripción de una expresión (forma de contenido o nota de traducción), muchos de ellos describen una manifestación (fecha de publicación) y algunos, los menos, un ejemplar (nota de un antiguo poseedor o estado de conservación). Considerando esta disyuntiva, no será necesario incluir el título de la obra de una manifestación concreta en un registro, si este ya ha sido introducido con anterioridad al catalogar otra manifestación de la misma obra. Dicho título ya figurará en nuestro catálogo y solamente deberá ser enlazado (ahorro de tiempo y recursos, entre otras ventajas).

Entienda que los FRBR contemplan las descripciones de los recursos como conjuntos de datos sobre el recurso en sí, la manifestación, pero también sobre la expresión que materializa y la obra sobre la que se realiza.

---

Garrido Arilla, María Rosa
Texto (visual) : sin mediación
    Teoría e historia de la catalogación de documentos / María Rosa
    Garrido Arilla. — Madrid : Síntesis, D.L. 1996
    190 p. ; 23 cm. — (Ciencias de la información. Biblioteconomía y
    documentación ; 11)
    Bibliografía: p. [187]-190. Índice
    D.L. M 9604-1996, Oficina Depósito Legal Madrid
    ISBN 84-7738-344-8
Catalogación bibliográfica—Tratados, manuales, etc.
(M-BRCM) 0012460

---

Fig. 5. Registro ISBD tomado del OPAC de las Bibliotecas de la Comunidad de Madrid[2].

---

[2] Véase también la fig. 7. La descripción que contiene sigue la formulación de los FRBR.

La publicación de este modelo conceptual –no olvide que aún estamos en un plano teórico–, tuvo una enorme repercusión en las instituciones y grupos encargados de las actualizaciones y revisiones de normativas y, como no podía ser de otra forma, de las reglas de catalogación que se venían utilizado para describir en el mundo anglosajón, perfeccionadas constantemente por el JSC[3], las **AACR**. Este comité fue encargado de actualizar las AACR atendiendo al nuevo marco teórico propuesto por la IFLA en los FRBR. Y su renovación implicó unos cambios de tal magnitud que el resultado no pudo concretarse únicamente en una actualizada AACR, sino que requirió de la enunciación y desarrollo de una nueva norma, la RDA.

Aquí, en Europa, el estándar de descripción más extendido no era las AACR sino el ISBD[4], que también ha sido recientemente reformado acorde a los postulados de los FRBR.

Los FRBR, que datan de 1998, han sido recientemente revisados. Una nueva versión no solo actualiza la anterior sino que consolida otros modelos que han derivado de aquel, como el **FRAD**, sigla en inglés de Requisitos Funcionales de los Datos de Autoridad, que se aplica a la descripción de autoridades y la modelización de registros de autoridad y referencias (personas, entidades, familias, obras, etc., excepto materias); y el **FRSAD**, Requisitos Funcionales para Datos de Autoridad de Materia. El nuevo texto se denomina LRM, Modelo de Referencia Bibliotecaria, e integra a los anteriores modelos conceptuales (FRBR, FRAD y FRSAD), sustituyéndolos.

---

[3] Joint Steering Committee, formado por The American Library Association, The Australian Committee on Cataloguing, The British Library, The Canadian Committee on Cataloguing, CILIP (Chartered Institute of Library and Information Professionals), Deutsche Nationalbibliothek y The Library of Congress.

[4] El primer ISBD, especializado en monografías, se publicó en 1971, tras la Reunión internacional que convocó el Comité sobre Catalogación de la IFLA y en la que se determinó la elaboración de un instrumento que normalizase la forma y el contenido de las descripciones bibliográficas.

LRM fortalece y profundiza en el modelo propuesto en los FRBR y, si bien explicita todas y cada una de las concepciones de ambos, recomiendo la lectura previa de los FRBR para alcanzar un entendimiento completo de LRM.

Por otra parte, la actualización del ISBD que le acabo de comentar indica en su introducción que su organismo evaluador, el Grupo de revisión ISBD de la IFLA, se encuentra al presente estudiando la forma de incluir los últimos postulados del LRM en su próxima edición. A partir de aquí, todas las normas relacionadas con la descripción de entidades, ya se refieran a recursos, personas, lugares, materias, objetos, etc. están siendo examinadas por los organismos pertinentes para adaptarse al nuevo modelo. Incluso los clásicos y básicos –no por ello olvidados ni oxidados– **Principios de París** no han querido dejar de modernizar su estructura, su terminología, y de incluir los conceptos derivados del modelo entidad-relación y del LRM, publicando en el año 2016 – contamos con traducción española desde mayo de 2017– su renovado texto.

| Denominación | Tipo | Primera publicación | Última actualización |
|---|---|---|---|
| Principios de París | Modelo o marco normativo | 1961 | 2016 |
| ISBD | Estándar de descripción bibliográfica | 1971 | 2021 |
| GARE | Estándar de descripción de autoridades | 1984 | 2001 |
| Reglas de Catalogación españolas | Norma de catalogación de ámbito nacional | 1985 | 1999 |

| Denominación | Tipo | Primera publicación | Última actualización |
|---|---|---|---|
| FRBR/LRM | Modelo o marco normativo | 1998 | 2017 |
| AACR/RDA | Estándar de descripción bibliográfica/ autoridades | AACR en 1967 RDA en 2010 | Última actualización al perfil de la BNE en 2022 |

Fig. 6. Cuadro ilustrativo de modelos, estándares y normas con sus fechas de primera y última publicación, en su lengua original.

Entonces, ¿qué normas tiene usted que aprender para catalogar correctamente?

Sugiero no dejar de leer los modelos y principios que conforman el marco teórico general. Esto le ayudará a entender los estándares prácticos y le aliviará las dificultades a las que se enfrentará durante la toma de decisiones, en aquellos momentos en los que estos estándares no ofrezcan una respuesta clara. ¿En qué orden debe leerlos? Mi recomendación es la siguiente:

1. FRBR
2. LRM (sí, se trata de la actualización de FRBR pero, si no se ha leído la anterior, esta es difícil de entender)
3. Principios de París

Es posible extraer de estas lecturas otras muchas, también valiosas, pero que considero no tan necesarias –por ahora– (como los FRAD, o los FRSAD). No obstante, para apasionados de la documentación en general propongo, además, otras lecturas clásicas, que quizá por este adjetivo se están dejando de recomendar, si bien califico de fundamentales. Las referencias bibliográficas a clásicos muy modernos como *Misión del bibliotecario*, de Ortega y

Gasset; *Tratado de Documentación*, de Paul Otlet; *Teoría e historia de la catalogación de documentos*, de la profesora Garrido Arilla o cualquiera de los numerosos y valiosísimos tratados o informes de la creadora del formato MARC, Henriette Avram, las encontrará en el capítulo de bibliografía comentada.

Recapitulando... Con ello, contamos con un marco teórico definido. Sin embargo, lo que nos interesa realmente es la práctica y, para ello, las dos normas básicas en vigor y que maneja nuestra cabecera del sistema bibliotecario español –que es nuestra BNE– son el ISBD y el formato MARC 21.

Por supuesto, nos estamos ciñendo al estándar de descripción de recursos bibliográficos y al formato de automatización de descripciones más usados. Existen además las **GARE**, otros MARC especializados o adaptados a otros sistemas bibliotecarios –como CATMARC, RDA– de la que hablaremos más adelante, etc.

El ISBD que actualmente tengo entre mis manos y que le recomiendo consiga –solo lo encontrará en versión digital–, es el actualizado del año 2021, del consolidado de 2011. ¿Qué significa consolidado?, ¿a qué hace referencia ese adjetivo? Ya se ha utilizado este término con anterioridad al referirnos a la consolidación de FRBR, FRAD y FRSAD en un único instrumento, la LRM. El ISBD sufrió un proceso similar. En 1971 se publica el ISBD (M) especializado en recursos monográficos, el primero, el original. En 1974 sale a la luz el ISBD (S) para publicaciones seriadas. A partir de ese momento van publicándose pequeños cuadernos para tipos específicos de materiales: (CM) para materiales cartográficos, (A) para monografías antiguas, (PM) para música impresa, (NBM) para materiales no librarios, (CF) para archivos de ordenador, etc.

En la Conferencia de la IFLA de 2003, el Grupo de Revisión ISBD decide formar un equipo encargado de consolidar todos estos ISBD especializados en un texto único que permitiera la descripción de todos los tipos de materiales, facilitando tanto la labor del personal catalogador como la del grupo de revisión encargado de las actualizaciones de todos estos cuadernos. Una primera edición preliminar consolidada se publica en 2007 y en 2011 la definitiva.

Será en 2021 cuando el ISBD incorpore los postulados de los FRBR y se comprometa a publicar una nueva actualización teniendo en cuenta las nuevas recomendaciones del LRM. Esta edición de 2021 es la que actualmente está vigente y se emplea para la catalogación de recursos en nuestro sistema bibliotecario español.

Veamos ahora qué es MARC. El formato de catalogación MARC (Machine Readable Cataloging o Catalogación legible por máquina) es una herramienta con la que conseguimos un mejor grado de normalización, compatibilidad y transferencia de la información y de los datos descriptivos legibles por ordenador, es decir, de los datos que forman parte de nuestro registro catalográfico (título, lugar de publicación, etc.). Esto mejora la cooperación, el compartir esos datos, recursos y servicios entre centros y departamentos de proceso técnico –lugares en donde se producen las operaciones que conforman el proceso documental–. Lo podemos definir como un protocolo de identificación normalizada para el intercambio de información que permite estructurar e identificar los datos de forma que puedan ser reconocidos y manipulados por cualquier ordenador. Observe que no he empleado la palabra norma ni estándar en estas definiciones. MARC no es una norma, es un formato, una suerte de esquema de metadatos.

Fíjese, MARC no describe datos o información, MARC no describe el recurso, eso lo hace el ISBD u otras normas y estándares de descripción de las que ya se ha hablado. MARC no es una norma de descripción de información de un recurso, MARC es un formato que ayuda a que la descripción ISBD pueda leerse en un ordenador, automatizarse, e intercambiarse entre ordenadores.

–¿Por qué no puede un ordenador leer un registro catalográfico en ISBD?

–No es posible desarrollar un catálogo automatizado con tan solo incorporar en una base de datos la información contenida en un asiento bibliográfico. La base de datos necesitará información para poder interpretar los datos de un asiento. Un registro MARC contiene una guía de claves codificadas mediante letras y números de los datos que incluye, las cuales preceden a cada elemento de información bibliográfica, una especie de metadatos: información para interpretar información. Observe de nuevo la fig. 5.

–¿Cómo sabe un ordenador que el autor principal del recurso es esa frase que hemos colocado en la parte superior del registro, detrás de una barra oblicua?, ¿cómo sabe un ordenador que eso que hay entre paréntesis en el registro catalográfico es el nombre de una serie o que ese número colocado tras el punto y coma es el número de la serie?

–Observe de nuevo la fig. 5. Cuando informatizamos la catalogación y la automatizamos gracias a las bases de datos y a los sistemas de información, debemos indicar al sistema que determinada frase o secuencia de caracteres, determinado contenido, determinada palabra o información es un título, una persona, una serie, una materia, un punto de acceso.

–Pero, ¿se lo indicaremos con palabras?

–Hay que tener en cuenta que el lenguaje natural, el que utilizamos para comunicarnos, es ambiguo. En la lengua existe sinonimia y bajo la palabra *título* podemos encontrar distintos significados. Para que podamos compartir datos (títulos, personas, registros completos), entre ordenadores, tenemos que conseguir que se comuniquen entre sí con cifras, no con palabras. Los números no son ambiguos. No existe sinonimia ni problemas semánticos en los caracteres numéricos. Los ordenadores se comunican entre sí mediante números –en concreto mediante sistemas numéricos binarios–. Para automatizar una tarea con un sistema informático utilizaremos un lenguaje que la máquina entienda. El ordenador no es capaz de identificar un título en una descripción bibliográfica como la de la fig. 5 si no se lo mostramos. Se crea, entonces, una forma de decirle a la máquina lo que es y representa cada uno de los elementos del **registro descriptivo**, mediante un código alfanumérico sistematizado: el formato MARC.

Aplicar MARC es etiquetar las áreas y los elementos con caracteres numéricos sencillos, es marcar un título con un número que significa *título*, cifrar una serie con un número que significa *serie*. Una vez etiquetados los podemos compartir y recuperar a través de un ordenador. Es decir, automatizar a través de un ordenador para compartir recursos entre unidades de información.

Observe la siguiente figura. ¿Podría decir qué código numérico utiliza MARC 21 para etiquetar el área de publicación de la descripción? ¡Eso es! Utiliza la etiqueta 264. ¿Y los puntos de acceso normalizados de persona? ¡Bravo! Etiqueta esos puntos de acceso con la cifra 700.

–¿Qué es IBERMARC y MARC 21?

–MARC se crea en la Library of Congress (Estados Unidos) en los años 60 y se extiende rápidamente en el mundo anglosajón y América latina, dando lugar a su adaptación a las características y formatos propios de otras naciones: USMARC, será el formato nacional de aplicación en Estados Unidos y tendrá en cuenta los principios de catalogación propios; UKMARC será el formato adaptado del MARC para la Biblioteca Nacional Británica. Encontramos también INTERMARC en Francia, ANNAMARC en Italia, MARCAL en América latina, UNIMARC como formato de intercambio internacional y, en España, IBERMARC y CATMARC (Cataluña).

Por tanto, IBERMARC es una adaptación del formato MARC general a las características propias de la catalogación española.

MARC 21 es el resultado de la combinación de los formatos estadounidense y canadiense de MARC y actualmente es el estándar más internacionalizado y extendido, así como el que más se aplica en nuestro sistema bibliotecario español, quedando el IBERMARC condenado a desparecer.

| | |
|---|---|
| 001: | a6373944 |
| 003: | CaPaEBR |
| 005: | 20221012004757.4 |
| 006: | m o d |
| 007: | cr cn\|\|\|\|\|\|\|\| |
| 008: | 140822s2008 sp \|o\|\|\|\|001 0 spa d |
| 020: | \|z9788478003174\|qversión en papel |
| 020: | 9788490123188\|qe-book |
| 035: | ebr10889942 |
| 035: | (OCoLC)891394219 |
| 040: | FINmELB\|bspa\|erda\|cFINmELB\|dSpMaBN |
| 050: 14 | LB2325\|bA221 2008eb |
| 080: | 378.4(460.187 S.).096:82'25(073) |
| 080: | 378.4(460.187 S.).096:002.6(073) |
| 245: 03 | La adaptación al espacio europeo de educación superior en la facultad de traducción y documentación\|cManuela Moro Cabero y Jesús Torres del Rey (eds.) |
| 264: 1 | Salamanca\|bEdiciones Universidad de Salamanca\|c[2008 |
| 300: | 1 online resource (279 páginas) |
| 336: | text\|2rdacontent |
| 337: | computer\|2rdamedia |
| 338: | online resource\|2rdacarrier |
| 490: 1 | Aquilafuente\|v137 |
| 500: | Registro generado automáticamente a partir de metadatos facilitados por e-Libro |
| 610: 27 | Universidad de Salamanca\|bFacultad de Traducción y Documentación\|xCurrículo educativo\|2embne |
| 700: 1 | Moro Cabero, Manuela\|eautor\|4aut |
| 700: 1 | Torres del Rey, Jesús\|eautor\|4aut |
| 830: 0 | Colección Aquilafuente\|v137 |
| 856: 40 | \|uhttp://repositorio.dl-e.es/viewer.vm?id=56681\|yAcceso electrónico\|zAcceso y/o uso restringido, disponible solo desde la Biblioteca Nacional de España y los centros de conservación |
| 994: | MONOMODERN-RECELE |
| 956: | 1 |
| 901: | elibro\|aDepósito legal electrónico |

Fig. 7. Registro descrito con ISBD y RDA, automatizado con MARC 21, tomado del Catálogo general de la BNE[5].

---

[5] La descripción que contiene sigue la formulación de los FRBR. Observe que se trata de un único registro catalográfico y no de varios. En un mismo registro se describen los elementos propios de la obra, de la expresión, de la manifestación y del ejemplar.

–Y ¿RDA?

–Venga ¡ánimo!, este es el último instrumento que le presento. Se ha apuntado con anterioridad que RDA nace al tratar de actualizar las AACR al nuevo paradigma –recuerde obra, manifestación, expresión, ejemplar, etc.–. Aunque no lo indican sus siglas, RDA es un estándar que pretende ser internacional, para describir y dar acceso a todo tipo de materiales, contenidos y medios, y para todo tipo de usuarios y comunidades. Hasta ahora, es el único estándar nacido y desarrollado bajo el modelo conceptual entidad-relación. Se ha mencionado que el ISBD, en su última edición, se define según los axiomas de los FRBR, pero su estructura y postulados (áreas, elementos, **puntuación**, etc.) se mantienen como en su origen. La RDA se construye siguiendo el modelo conceptual en toda su extensión, desde su propósito y alcance hasta las formas de registro y presentación de los datos en el catálogo. RDA se presenta dividido en secciones: Registro de atributos de manifestación e ítem, Registro de atributos de obra y expresión, Registro de atributos de persona, familia y **entidad corporativa**, de atributos de concepto, objeto, evento y lugar, registro de relaciones primarias entre obras, expresiones, manifestaciones e ítems, etc.

Como se puede observar, RDA define la forma con la que se deben describir los datos de los atributos de las entidades y de las relaciones que se producen entre ellos, de todos ellos, de forma exhaustiva.

Actualmente, la BNE está comenzando a catalogar con la RDA. Aunque su uso no se ha extendido a todo el sistema bibliotecario español y está siendo lento, es posible que termine poblando todos los módulos de catalogación de los sistemas de gestión en el futuro. En el método que le propongo –véase cap. 6–, no se tiene en cuenta la RDA y se limita a la descripción con ISBD, asignación y normalización de puntos de acceso y automatización con MARC 21.

Un último asunto que tratar: algunos autores llaman la atención sobre las dificultades que presenta la descripción de recursos electrónicos y digitales debido a sus características. Alegan la variabilidad de su presentación y diseño (refiriéndose a su apariencia formal), las formas no canónicas de publicación, su forma de establecer relaciones con otros recursos, su obsolescencia, la fragilidad de permanencia de las direcciones o localizadores web que los contienen, la falta de definición propia, las características de sus formas de difusión, la forma en la que el usuario visualiza y usa la información contenida en ellos (un usuario puede descargar el contenido del recurso en un formato de su elección y guardarlo en un dispositivo que no tiene por qué coincidir con otro...), etc.

Assumpció Estivill, en su manual sobre *Catalogación de recursos electrónicos* [2006], ofrece un alegato a favor de la inclusión de estos materiales en los catálogos bibliográficos y cómo hacerlo disponiendo de ISBD y MARC. Incluye, además, una adaptación de las áreas y elementos normalmente aceptados cuajada de ejemplos. A pesar de este trabajo, y teniendo presentes los recursos electrónicos, así como otros tipos de recursos tradicionalmente descritos con instrumentos ajenos a las normativas bibliográficas como pueden ser los documentos de carácter archivístico –descritos mediante el **ISAD (G)**–, plantean problemas de interoperabilidad si pretendemos integrarlos en los catálogos bibliográficos tradicionales.

–¿Qué es la interoperabilidad?

–Se trata de una habilidad, de una capacidad que se espera que tengan los sistemas de información para intercambiar datos de todo tipo. Para ello, los sistemas de recuperación de los datos que contienen deben actuar sobre catálogos descriptivos similares. Pongamos un ejemplo:

Usted ya sabe que si accede al catálogo general de la BNE y realiza una búsqueda simple utilizando el término *Quijote*, obtendrá un listado de registros en los que el término está presente, bien porque describa una edición del Quijote, porque el recurso que describa trate sobre el Quijote, etc. Además, la descripción recuperada podrá referirse a un libro en formato papel o en pdf, a una película, a una partitura, a un cómic, etc. Los registros que obtenga serán similares en su estructura y contenido porque estarán normalizados con el estándar ISBD y automatizados con el formato MARC 21. Véanse fig. 5 y 7. Así, todos tendrán un título, un autor, un editor, un año de publicación, etc.

Bien, acceda ahora a la web de la *Red Digital de Colecciones de Museos de España*. Esta red mantiene CER.ES Colecciones en Red, un

> catálogo colectivo en línea, que reúne información e imágenes de una importante selección de los bienes culturales que forman las colecciones de todos los museos integrantes de la Red Digital de Colecciones de Museos de España. CER.ES permite realizar búsquedas generales y avanzadas en todos los museos o en una selección realizada por el usuario. Es posible consultar en el catálogo de cada uno de los museos o en una o varias agrupaciones por tipología de museo, ubicación geográfica o titularidad[6].

Si lanza la misma consulta al buscador simple de CER.ES –recuerde: *Quijote*–, observará que recupera numerosísimos registros ordenados por museo, que describen grabados, cartas, pinturas, fotografías, objetos como jarras, platos, medallas, bastones, joyas, cojines… Si abre la descripción o ficha técnica completa de alguno de estos registros verá que la estructura y los campos de datos que ofrece no son los mismos que en el catálogo de la BNE. ¡En algunos casos ni siquiera se ofrece un título! –elemento obligatorio en toda **descripción bibliográfica** tradicional–. Por el contrario encontramos elementos descriptivos como técnica, inventario, datación, uso, función, etc.

En ambos casos los buscadores de estos catálogos están dise-

---

[6] MINISTERIO DE CULTURA Y DEPORTE. *Red Digital de Colecciones de Museos de España* [página web]. https://ceres.mcu.es

ñados para rastrear en los campos o elementos de los registros descriptivos que contienen y, por tanto, se adaptan a ellos. Sin embargo, ¿y si quisiera recuperar todo lo relativo a *Quijote*, en ambos catálogos al mismo tiempo, mediante un solo buscador, mediante una única consulta? o, ¿y si quisiera importar el registro del catálogo de CER.ES al catálogo de la BNE? Como las descripciones se han realizado utilizando estándares y normas distintas, adaptadas al objeto o recurso que se describe, esto no sería posible a menos que desarrolláramos un buscador nuevo que atienda tanto a los tipos de datos de uno como a los del otro o, para el segundo interrogante, un registro catalográfico que contuviera los campos y elementos de ambos tipos de registro. Estamos ante los clásicos problemas de la interoperabilidad: distintos formatos descriptivos impiden recuperar y, por tanto, intercambiar datos e información entre catálogos.

En la literatura publicada al respecto, hallaremos propuestas de soluciones al problema de la interoperabilidad. La más extendida y aceptada emplea instrumentos de descripción generalistas capaces de describir cualquier objeto –entiéndase como objeto prácticamente cualquier cosa–. Entre ellos debemos destacar los esquemas de metadatos generalistas, como **Dublin Core** (DC).

El esquema de metadatos DC es el sistema de metadatos semánticos de carácter descriptivo más ampliamente utilizado para la descripción de recursos, documentos y, en general, objetos digitales en la web, debido a su simplicidad y generalidad. Su diseño minimalista permite que se pueda describir prácticamente cualquier tipo de recurso de forma genérica como documentos de vídeo, imágenes, páginas, etc., usando DC. Existen numerosas experiencias de uso de DC en archivos, bibliotecas y museos. Por ello, es uno de los vocabularios más beneficiosos cuando el objetivo es la interoperabilidad entre distintos sistemas con una alta variabilidad de materiales, una cuestión clave durante el diseño y desarrollo de bibliotecas digitales.

```
−<OAI-PMH xsi:schemaLocation="http://www.openarchives.org/OAI/2.0/ http://www.openarchives.o
   <responseDate>2023-09-04T14:09:50Z</responseDate>
   <request verb="GetRecord" metadataPrefix="oai_dc" identifier="oai.bne.esmonografias_antiguas
 −<GetRecord>
  −<record>
    −<header>
        <identifier>oai.bne.esmonografias_antiguas:bima0000029021</identifier>
        <datestamp>2023-08-16</datestamp>
        <setSpec>monografias_antiguas</setSpec>
     </header>
    −<metadata>
      −<oai_dc:dc xsi:schemaLocation="http://www.openarchives.org/OAI/2.0/oai_dc/
        −<dc:title>
            Vida y hechos del ingenioso cauallero don Quixote de la Mancha
          </dc:title>
          <dc:creator>Cervantes Saavedra, Miguel de1547-1616XX1718747</dc:creator>
         +<dc:creator></dc:creator>
          <dc:creator>Hermandad de San Gerónimoeditor</dc:creator>
          <dc:type>text</dc:type>
          <dc:publisher>En Madrid acosta de la Hermandad de San Geronimo</dc:publisher>
          <dc:date>1723</dc:date>
          <dc:language>spa</dc:language>
        −<dc:description>
            Existe emisión con pie de imprenta: Madrid : acosta de Pedro del Castillo ..., 1723
          </dc:description>
          <dc:description>El nombre del impresor consta en la Licencia</dc:description>
          <dc:description>Sign.: ¶⁶ A-Y⁸, Z² ; A-Z⁸, Aa⁴</dc:description>
          <dc:description>Portadas a dos tintas con grabado calcográfico</dc:description>
          <dc:description>Texto a dos columnas</dc:description>
        −<dc:description>
            Segunda parte con portada, paginación y signaturización propias
          </dc:description>
        −<dc:description>
            Las ilustraciones son grabados calcográficos intercalados en el texto
          </dc:description>
          <dc:coverage>España Madrid</dc:coverage>
        −<dc:identifier>
            http://bdh-rd.bne.es/viewer.vm?id=0000191395&page=1
          </dc:identifier>
        </oai_dc:dc>
      </metadata>
    </record>
  </GetRecord>
 </OAI-PMH>
```

Fig. 8. Registro descriptivo de una monografía con DC, tomado de la
BNE[7].

---

[7] Tomado de del Catálogo bibliográfico del servidor OAI, de la BNE. Disponible en: https://www.bne.es/es/servicios/servicios-para-bibliotecarios/suministro-re-gistros/recoleccion-servidor-oai

Su formato mejora el intercambio de metadatos entre sistemas de forma fácil y sin necesidad de adaptaciones. Es un vocabulario simple, sin ninguna estructuración entre sus quince elementos. Simple y genérico, los quince elementos forman un núcleo o *core* que es aplicable a una gran variedad de objetos digitales y que supone describir unívocamente el objeto. Estos 15 elementos son: título, materia, descripción, fuente, tipo de recurso, relación, cobertura, autor, editor, otros colaboradores, derechos, fecha, formato, identificador del recurso e idioma.

Los elementos DC son opcionales, pueden aparecer en cualquier orden y son repetibles en una misma descripción –así, si un recurso se presenta en dos idiomas, transcribiremos dos etiquetas DC.lengua para describirlos–. Además, se pueden cualificar para especificar alguna cuestión más concreta dentro del mismo. Por ejemplo: DC.fecha podrá cualificarse en el caso de querer distinguir entre fechas que describen el objeto o recurso, como pueden ser DC.fecha.publicación y DC.fecha.impresión.

Hasta aquí, se han expuesto los instrumentos normativos más importantes, vigentes hoy día, con los que debería describir y catalogar sus recursos. Sin embargo, antes de aprender a hacerlo, le mostraré por qué y para qué debe catalogar, así como la importancia que tiene, en esta área de conocimiento, un buen uso del vocabulario y la terminología. Como se indicó en párrafos anteriores, es importante tener en cuenta las cuestiones que le planteará a continuación, especialmente para la toma de decisiones a la que se enfrentará cuando deba resolver la descripción y catalogación de un recurso y las normas no le ofrezcan un resultado único.

# 3. LA IMPORTANCIA DEL VOCABULARIO Y LA TERMINOLOGÍA

Si no es usted nuevo en estas lides y ya ha ejercido la catalogación en alguna ocasión, debe renovar su diccionario personal.

En todo caso, fíjese en que esta cartilla incluye un glosario, un índice analítico y un listado de siglas frecuentes en la materia que le ayudarán y que le aconsejo utilice durante la lectura del texto principal. No sea negligente, navegue por la cartilla aunque retrase su lectura.

Es de buen profesional –y de buen aspirante a serlo– emplear y discriminar los conceptos, la nomenclatura, los nombres y siglas de las normas, de los organismos que las generan y utilizan, de las agencias nacionales, etc. especializadas en las materias que nos ocupan **–análisis documental** y **catalogación–** así como del área de conocimiento al que pertenecen –Ciencias de la Documentación–. El tribunal que evalúe su ejercicio de oposición o las personas que le interroguen en una entrevista de trabajo, observarán con atención la calidad de las expresiones que utilice, su profundidad y grado de actualización terminológica, la especificidad de su lenguaje, en definitiva, si sabe usted de lo que habla. Y para demostrar que sí sabe, debe esgrimir el vocabulario especializado con soltura, de forma natural, como si llevara usted hablando de análisis documental toda su vida.

Una rúbrica que le permite autoevaluarse puede ser la siguiente. Analícese, ¿en qué nivel se encuentra?:

| Niveles de desempeño y rango de calificación | | | | |
|---|---|---|---|---|
| En inicio Muy deficiente (1-2 puntos) | En proceso Deficiente (3-4 puntos) | Logrado Estándar (5-6 puntos) | Destacado (7-8 puntos) | Excelente (9-10 puntos) |
| **Sin vocabulario:**<br>- No comprende o tiene importantes dificultades para entender los conceptos, términos, principios básicos y normativas propios de la descripción de recursos y la catalogación. No conoce ni sabe definir la mayoría de los términos especializados.<br>- No reconoce normas, disposiciones, formatos, reglamentos, procedimientos, estándares, etc.<br>- No distingue tipos de organismos, redes, sistemas y unidades de información y no conoce su funcionamiento.<br>- No relaciona conceptos y términos de la descripción de recursos y la catalogación con los propios del análisis documental y de las Ciencias de la Documentación. | **Vocabulario limitado:**<br>- Tiene dificultades para entender los conceptos, términos, principios básicos y normativas propios de la descripción de recursos y la catalogación. No conoce ni sabe definir algunos de los términos especializados.<br>- Reconoce parcialmente normas, disposiciones, formatos, reglamentos, procedimientos, estándares, etc.<br>- Reconoce algunos tipos de organismos, redes, sistemas y unidades de información.<br>- No relaciona conceptos y términos de la descripción de recursos y la catalogación con los propios del análisis documental y de las Ciencias de la Documentación. | **Vocabulario pertinente:**<br>- Comprende conceptos, términos, principios básicos y normativas propios de la descripción de recursos y la catalogación. Sabe definir algunos de los términos especializados.<br>- Reconoce normas, disposiciones, formatos, reglamentos, procedimientos, estándares, etc., aunque en ocasiones no pueda definirlas con propiedad.<br>- Reconoce la mayoría de organismos, redes, sistemas y unidades de información.<br>- Puede relacionar algunos conceptos y términos de la descripción de recursos y la catalogación con los propios del análisis documental y de las Ciencias de la Documentación. | **Vocabulario avanzado:**<br>- Comprende y utiliza con soltura conceptos, términos, principios básicos y normativas propios de la descripción de recursos y la catalogación. Sabe definir términos especializados.<br>- Reconoce normas, disposiciones, formatos, reglamentos, procedimientos, estándares, etc., y puede definirlas con propiedad.<br>- Reconoce los organismos, redes, sistemas y unidades de información.<br>- Relaciona e integra en su discurso conceptos y términos de la descripción de recursos y la catalogación con los propios del análisis documental y de las Ciencias de la Documentación. | **Vocabulario enriquecido:**<br>- Comprende, utiliza y analiza con habilidad conceptos, términos, principios básicos y normativas propios de la descripción de recursos y la catalogación. Sabe definir términos especializados, aportando en sus definiciones nuevos elementos y argumentos expositivos.<br>- Reconoce normas, disposiciones, formatos, reglamentos, procedimientos, estándares, etc., y puede definirlas con propiedad, ampliando su definición con reflexiones propias.<br>- Reconoce los organismos, redes, sistemas y unidades de información, incluso extranjeros, de reciente creación o de carácter histórico.<br>- Relaciona, integra y evalúa en su discurso conceptos y términos de la descripción de recursos y la catalogación con los propios del análisis documental y de las Ciencias de la Documentación, ampliando su comprensión y llegando a conclusiones útiles y relevantes |

Fig. 9. Rúbrica de autoevaluación de uso de vocabulario. Elaboración propia.

–¿Cómo puedo conseguir utilizar de forma natural lo que la rúbrica denomina un vocabulario enriquecido?

–Leyendo, practicando, escuchando audios, pódcast, vídeos de expertos en la materia, etc. No hay otra manera más eficaz. Cuanto más lea, practique, escuche…, con mayor soltura empleará la terminología adecuada. Haga uso el glosario de esta cartilla para actualizase y del listado de siglas para aprender los nombres de las normativas.

# 4. POR QUÉ CATALOGAMOS. DESCRIPCIÓN, ACCESO Y RECUPERACIÓN

*La insensatez sería imaginar que la descripción más completa, el inventario más minucioso, el más elocuente discurso, pudieran suplir en ningún caso a la visión directa de la obra de arte ni a la impresión personal que en cada uno de los contempladores deja... Pero no hay museo sin catálogo, ni es pequeño mérito hacer un catálogo nuevo.*

Fitz Maurice-Kelly[8]

¿Sabría responder con claridad a esta pregunta? Debemos buscar la utilidad de la **catalogación** en la operación de tratamiento documental que la sigue, en el marco del **proceso documental** –véase fig. 1–.

Efectivamente, la recuperación de información será efectiva si, entre otros factores, la descripción del **recurso** es pertinente y los **puntos de acceso normalizados** son los adecuados. Existen, en Documentación, dos conceptos que intervienen en este punto: el **ruido** y el **silencio documental**.

---

[8] *Cf.* FITZMAURICE-KELLY, James. La historia de la literatura española. En: PÉREZ GUTIÉRREZ, Francisco. *Menéndez Pelayo y Lázaro. Una colaboración fecunda (1889-1908)*. Madrid: Fundación Lázaro Galdiano, 2004, pág. 111.

Ambos se definen como anomalías no deseadas en la recuperación de datos o información que se realiza a través de búsquedas en bases de datos, **catálogos** o similares sistemas de gestión de información. La función principal –no la única– de la descripción normalizada y de la asignación de puntos de acceso normalizados a la misma, es decir, de la catalogación, es la recuperación de un recurso y es, además, evitar el ruido y el silencio documental que se produce durante esa recuperación; es, por ejemplo, tratar de que el listado de recuperación que obtenemos tras una búsqueda en un **OPAC** sea lo más acertado posible.

Tradicionalmente, al catalogar, venimos extrayendo del recurso aquellos datos que van a permitir al **usuario** recuperarlo (el título, el autor, la materia…). Este proceso de extracción, totalmente intelectual, se realiza mediante un previo análisis del recurso: debe leer las que consideramos **fuentes preferidas** o **prescritas de información**, localizar dichos datos, discernir si son o no adecuados para describir ese recurso en concreto, seleccionar los que sí lo sean, normalizar la forma en la que van a ser trasladados al **registro descriptivo** aplicando para ello la norma que previamente habremos seleccionado, redactar con ello el registro, seleccionar los puntos de acceso más adecuados para facilitar la localización del registro, normalizarlos, situarlos en el registro descriptivo conformando un **registro catalográfico** y, por último, aplicarle el formato adecuado para poder ser intercambiado, reutilizado, interoperado con otros sistemas, bibliotecas, instituciones, proyectos, etc.

La descripción de un recurso debe representarlo lo más acertadamente posible; esto significa que deberá describirlo unívocamente. El proceso de representación de un objeto o un recurso mediante su descripción puede complicarse si tenemos en cuenta que el acto intelectual que conlleva debe comprender, como se acaba de indicar, la toma de decisión acerca de qué elementos o datos va a utilizar para su descripción y qué términos concretos, qué palabras, considerando que deben aproximarse lo más posible (si no ser los mismos) a los términos y conceptos que utilizará el usuario para encontrarlos en el catálogo. Piense en describir para recuperar, piense en cómo va a buscar el usuario y cómo va a recuperar el recurso que estoy describiendo. Tome sus decisiones de acuerdo con ello.

En este sentido, los puntos de acceso, creados para mejorar la navegación por el catálogo y facilitar la localización de los recursos que el usuario necesita y otros de características similares a los que reclama, deben ser igualmente formulados con la misma perspectiva.

Por otra parte, la simplicidad de la descripción ha de ser condición que debe alcanzarse en todo caso. La economía de la catalogación postula la elección de formas de descripción precisas y rigurosas, capaces de aportar toda la información o todos los datos disponibles, empero obtenidas con el máximo ahorro de espacio, tiempo y recursos.

Por último, no deje de pensar en otras utilidades actuales de los catálogos bibliográficos. Los registros de los catálogos altamente sistematizados, los datos altamente estructurados que contienen, son fuente y base para otras aplicaciones relacionadas con las actividades de difusión que llevan a cabo centros e instituciones, especialmente las culturales y educativas. Estas impulsan proyectos en los que la web semántica, los datos enlazados y las capacidades de interoperabilidad dan origen a productos que tienen en su origen los registros catalográficos o sus datos. Nos referimos a líneas de tiempo, buscadores semánticos, ontologías, juegos didácticos, performances digitales, etc.

# 5. PARA QUIÉN CATALOGAMOS. EL FONDO Y LAS NECESIDADES DE LOS USUARIOS

En el capítulo anterior han sido enunciadas algunas cuestiones relativas a la causalidad de la **catalogación** pero, además, quiero que no olvide al que debe estar siempre presente durante un proceso de catalogación: el **usuario**. Para **catalogar** bien hay que saber para quién catalogamos y no solo por qué.

El usuario siempre ha formado parte de las enunciaciones de las normativas y estándares que se han citado. La Declaración de los **Principios de París** comienza, en su primer punto, nombrando el interés del usuario, manifestando que las decisiones referentes al desarrollo de las descripciones y las normalizaciones de los puntos de acceso deben tomarse teniendo en cuenta al usuario en todos los casos y definiéndolo como cualquiera que busque en el **catálogo** y utilice los **datos bibliográficos** o **de autoridad**. Prosigue dictaminando que el vocabulario de las descripciones debe ser comprensible para la mayoría de los usuarios [2016: 5 y ss.]. Y así, continúa, situando al usuario en el centro de los Principios.

De igual forma, el **LRM** dedica un capítulo completo al usuario y sus tareas. Así, define y explica las cinco tareas que el usuario realiza durante un proceso de búsqueda de información: encontrar, identificar, seleccionar, obtener y explorar[9]. El LRM resuelve

---

[9] Acuda al LRM para ampliar la información acerca de estas *tareas del usuario*.

cómo debe ser el registro, qué información debe contener y de
qué forma debe expresarse esa información, para que quien lo
use pueda completar estas tareas satisfactoriamente.

Ambos cánones, así como los estándares que en ellos se inspi-
ran, expresan claramente esta perspectiva. El profesional de la
catalogación siempre debe tener presente y conocer a su usuario
potencial –su tipología, características, habilidades–, así como las
características de sus **recursos** y fondo de descripción a la hora
de tomar decisiones durante el proceso de descripción y catalogación. Vuelva a la fig. 1 y recuerde cuál es el objeto del proceso
documental: poner en contacto el recurso con el usuario que lo
necesita.

El fondo se convierte en la segunda parte de la ecuación. El
fondo debe adecuarse al usuario y no al revés. Los procesos de
adquisición y selección –operaciones de entrada del proceso documental– deben completarse previo estudio de las necesidades
informacionales y características propias del usuario real de nuestro centro o **unidad de información**. Las particularidades que
adquiere el fondo, por esta circunstancia, marcarán el desarrollo
de las operaciones de tratamiento documental, entre ellas su descripción y catalogación.

# 6. MÉTODO PARA CATALOGAR

Comenzamos este capítulo no sin antes recordar lo que ya se ha apuntado en párrafos anteriores: no hay una única descripción catalográfica correcta para un **recurso** determinado. Dos descripciones diferentes pueden representar correctamente a un mismo recurso. Y ello va a depender de distintos factores, como pueden ser las características de nuestro fondo o las de nuestros **usuarios**. Recuerde que los estándares y modelos deben entenderse como normativas flexibles –oxímoron que debe asumir–, mediante las que el catalogador debe describir teniendo muy en cuenta su entorno. En el momento de la descripción, de la práctica de la catalogación, deberá tomar decisiones fruto del análisis de las características de su centro y su entorno (lugar en el que se ubica y personas usuarias que lo habitan), teniendo presentes los asertos relativos a por qué se cataloga y para qué o para quién, en el contexto actual.

Si ha seguido una lectura lineal de esta cartilla, creo que se encuentra preparado para entender el estándar **ISBD** y el formato **MARC 21**, los instrumentos que necesita para afrontar la **catalogación** de un recurso a través de un ejemplar original o de las copias de sus principales fuentes de información.

Llegados a este punto, le recomiendo la lectura pausada y comprensiva del ISBD. De su lectura entenderá que el ISBD le ofrece las pautas necesarias para la descripción de un recurso, es decir, obtendrá de su aplicación su **descripción bibliográfica** representativa. Acompañe el estudio de la ISBD con búsquedas en los **catálogos** que le brinden ejemplos instructivos[10].

En el capítulo siguiente encontrará un esquema catalográfico diseñado para aprender a catalogar. Se trata de un instrumento didáctico, no normativo. No lo encontrará en ningún estándar. Está actualizado según la última versión de la ISBD. Consúltelo antes de continuar y llévelo consigo junto a su ISBD.

Para completar el **registro catalográfico** necesita obtener y normalizar los puntos de acceso al registro. No hay en la actualidad ningún estándar ni norma internacional dedicado a este último proceso, la asignación de puntos de acceso. La BNE, cabecera de nuestro sistema bibliotecario español, cuenta con un manual que actualizan con frecuencia al respecto, elaborado por su Departamento de Proceso Técnico. El titulado *Manual de autoridades* [2014] es accesible a través de su web y «recoge la práctica que se ha venido siguiendo por esta institución en la normalización de sus puntos de acceso. Como se trata de un manual práctico, está en continua evolución por lo que es un documento dinámico de trabajo, sujeto a modificaciones de acuerdo a esa práctica bibliotecaria». Debe conocer y entender bien las formas que pueden tener los puntos de acceso así como la manera de normalizarlas. Tenga presente a su **usuario** y su fondo; recuerde que, en la mayoría de las búsquedas que realizan nuestros usuarios, se accederá al recurso más pertinente a través de estos puntos de acceso.

Entonces, una vez estudiados tanto el ISBD, como los principios de normalización de puntos de acceso que ofrece la BNE, podrá afrontar un proceso de catalogación.

---

[10] Para ello, le recomiendo especialmente el *Catálogo colectivo de las bibliotecas públicas de la Comunidad de Madrid,* que puede consultar en: https://gestiona3. madrid.org/biblio_publicas Observe que este catálogo le permite visualizar el registro en formato ISBD, MARC 21, MARC-XML, etc., lo cual resulta muy pedagógico.

Como se ha indicado en capítulos anteriores, este proceso debe iniciarse mediante un análisis previo del recurso: debe leer las que consideramos **fuentes preferidas** o **prescritas de información**, localizar dichos datos, discernir si son o no adecuados para describir ese recurso en concreto, seleccionar los que sí lo sean, normalizar la forma en la que van a ser trasladados al **registro descriptivo** aplicando para ello la norma que previamente habremos seleccionado, redactar con ello el registro, seleccionar los puntos de acceso más adecuados para facilitar la localización del registro, normalizarlos, situarlos en el registro descriptivo conformando un registro catalográfico y, por último, aplicarle el formato adecuado para poder ser intercambiado, reutilizado, interoperado con otros sistemas, bibliotecas, instituciones, proyectos, etc.

–Tengo una monografía entre las manos, conozco el ISBD y los principios de normalización de puntos de acceso, ¿por dónde empiezo?

¡Cuidado si es usted de los que empiezan encabezando![11]

Puedo figurarme el resultado que va a obtener una persona no experimentada si, al recibir una portada, comienza a resolverla en una página en blanco, empezando por el **encabezamiento** o **punto de acceso principal**: es probable que sus puntos de acceso no sean correctos y que el área 1 de la descripción, la más significativa de todas, también tenga errores.

Le propongo, para resolver una portada, para redactar un registro catalográfico correcto, seguir el orden de acciones que le indicaré a continuación. Este plan no es obligatorio, no se trata de una

---

[11] Aún se utiliza la acepción encabezar para referir la extracción y normalización del punto de acceso principal o superior, anteriormente denominado encabezamiento principal, por situarse a la cabeza o en la parte superior del registro catalográfico. El origen de este vocablo lo debemos buscar en los antiguos catálogos de formato ficha que se guardaban en archivadores de madera. Estos catálogos se ordenaban por autor, por título y por otros encabezamientos, es decir, elementos que se anotaban a la cabeza de la ficha y que, ordenadas alfabéticamente, formaban el catálogo clasificado por autor, por título, etc.

regla o norma que deba aplicar, no la encontrará en ningún reglamento, estándar o manual. Es un método diseñado tras años de experiencia propia en catalogación. Si decide seguirlo tendrá muchas más posibilidades de resolver una portada correctamente con unos buenos puntos de acceso.

## 1. Prepare su entorno

Para catalogar correctamente debe tener cerca su ejemplar del ISBD actualizado –y cuajado de notas adhesivas con aclaraciones y ejemplos derivados de su estudio–; los principios sobre puntos de acceso de la BNE –tras su lectura seguro que tiene usted unos fantásticos apuntes sistematizados y preparados para su consulta frecuente– y el esquema ISBD que se le facilita en el capítulo 7. Es posible que también deba consultar, en menor medida, otros instrumentos mencionados en esta cartilla así como la web de la Real Academia Española, cuyos diccionarios –de la lengua española, panhispánico de dudas, histórico de la lengua y otros– le ayudarán a resolver las constantes cuestiones ortográficas y gramaticales que se le plantearán durante la redacción del registro.

Estos materiales irán cogiendo forma, serán ilustrados con notas y ejemplos que usted irá añadiendo conforme vaya avanzando en su aprendizaje o en su práctica laboral. Deje constancia en ellas de las decisiones que vaya tomando al respecto de las cuestiones que la descripción le plantee. El catálogo que esté creando debe mantener uniformidad y consistencia y, para ello, debe aplicar los mismos criterios ante los mismos o similares interrogantes que se le presenten. Su coherencia aportará consistencia al catálogo.

## 2. Coja un lápiz y su recurso

El recurso por describir podrá ser una monografía, un disco óptico, una publicación seriada, etc. Le recomiendo que comience sus prácticas con los recursos más habituales: las monografías en formato papel. Entonces, necesitará el libro o, en su defecto, las copias de las partes principales del mismo (lo que llamamos portadas). Acomódese en la silla. ¡No empiece a buscar el punto de acceso principal!

3. Observe el material que tiene e identifique los datos que le ofrece

Identifique y observe la cubierta, la portadilla, la portada, el verso de portada o contraportada, la tabla de contenido (también llamado índice en nuestro país), la introducción, el **colofón**, etc. Tenga presente que cada área del ISBD tiene sus propias fuentes de información prescritas de las cuales extraer los datos para la correcta descripción. No confunda la cubierta con la portada. ¡Cuidado con sacar datos de una cubierta! La cubierta no es fuente principal de información en una descripción ISBD, salvo en escasas excepciones.

4. Localice la portada y comience a leerla, desde arriba hacia abajo

Vaya leyendo las frases que va encontrando y anote con lápiz a qué elemento considera usted que pertenece la información o el dato que ha leído. Por ejemplo: es posible que la primera frase que encuentre, en la parte superior de la portada, sea el nombre de una persona o de un conjunto de personas. Si cree que puede ser el autor o responsable principal del recurso, anótelo junto a la frase. Es posible que, debajo de la frase anterior encuentre un título o varios. Identifique y anote a qué tipo de elemento se refiere teniendo en cuenta la variedad de títulos que contempla el ISBD: título propiamente dicho, título paralelo, título colectivo, subtítulo... Si continúa leyendo es posible que, en la parte inferior de la portada, encuentre una palabra que haga mención de la editorial que publica la obra. Anótelo ahí, en la portada.

Continúe así con todas las fuentes de información de que disponga: la contraportada suele aportar información sobre la serie o colección a la que pertenece el recurso, su mención de edición, su lugar y año de publicación, datos sobre la impresión, números normalizados (**ISBN**, Depósito legal, etc.); los preliminares y el colofón aportan información cuando las fuentes anteriores flaquean. Identifique todos los elementos del ISBD que encuentre en esos lugares. Seguramente, en algún caso, deba rectificar alguna de esas anotaciones al deducir de otro lugar algún elemento distintivo. ¡No olvide que los elementos de cada área tienen su **fuente de información prescrita**!

5. Aplique el ISBD

Ahora que ya sabe, aproximadamente, de qué trata ese recurso y qué elementos puede **transcribir** al registro, emplee las reglas que establece el ISBD para cada uno de ellos. Tenga a mano el esquema catalográfico –centre su atención en las áreas y elementos situados en el interior del cuadro punteado–. Comience siempre por la descripción bibliográfica siguiendo el mismo orden que dicta el ISBD para sus áreas: en primer lugar indique el área 0 con sus elementos, continúe con el área 1, después el área 2, etc. ¡No se empeñe en buscar el punto de acceso principal!

No olvide iniciar la escritura de cada párrafo con una pequeña sangría hacia la derecha. ¡Ayúdese del esquema ISBD para ajustar correctamente la puntuación entre áreas y elementos, así como la estructura del propio asiento!

Continuando con el área 1, observe la portada, observe las anotaciones que ha realizado acerca de los títulos y subtítulos, y **transcriba** esa información en su página respetando la **puntuación prescrita**, las mayúsculas, minúsculas, acentuación y otras cuestiones que la norma ISBD considera para cada uno de los elementos que van a conformar el área.

Sea persona especialmente cuidadosa con la transcripción de los elementos de esta área 1, siga y consulte el ISBD tantas veces como sea necesario. Del acierto en la transcripción de los datos de esta área depende en gran medida el acierto en la extracción de puntos de acceso.

Realice la misma operación respecto a los demás elementos y áreas, 2, 3, etc. ¡Consulte el ISBD siempre que lo necesite!

6. Revise la puntuación y ortografía del asiento

Tenga en cuenta las sangrías, espaciados y saltos de párrafo contemplados en el esquema que se le ha facilitado, especialmente en los cambios de área. No olvide los paréntesis en el área de serie. No olvide que al final de cada párrafo no se añade punto final, excepto al término de los puntos de acceso. ¡Tenga siempre presente el esquema! Revise la ortografía y la gramática. Consulte en el *Diccionario panhispánico de dudas* de la RAE el correcto uso de las mayúsculas y minúsculas –verá que los títulos en español se inician con la primera letra de la primera palabra en mayúscula, no así los subtítulos que se escriben con minúscula inicial tras dos puntos–, la forma en la que, en español, se expresan los ordinales y que usará para expresar la mención de edición del recurso –se llevará una gran sorpresa al respecto–, la diferencia entre tomo y volumen o entre página, hoja, etc.

7. Seleccionar y normalizar puntos de acceso

Cuando tenga redactada la descripción, con las áreas y elementos que lo forman, entonces podrá comenzar a extraer puntos de acceso que faciliten la navegación a través del catálogo. Es importante que, antes de ello, haya completado el asiento con las áreas contempladas en el ISBD –en el esquema ISBD, lo situado dentro del marco puntuado. Revise que su descripción contenga al menos los elementos consignados en color negro–.

Observe el área 1 que ha redactado. Del contenido que aparece en esa área se extrae la información necesaria para redactar el primer punto de acceso del registro. ¡Los datos para su redacción no se obtienen solo de la portada sino del área 1 de su asiento! Pregunte al área 1 de su asiento quién es el responsable principal de la obra que está catalogando –qué hay detrás de la barra–. La solución a esa pregunta será su primer punto de acceso. Para obtener una buena respuesta debe ayudarse de los principios de normalización de la BNE que ha estudiado.

Esa frase que hay detrás de la barra del área 1 contiene el dato que necesita, su punto de acceso esencial o principal. Una vez descubierto debe normalizarlo con la ayuda, de nuevo, de los principios de normalización de autoridades de la BNE que ha estudiado. Ese primer punto de acceso normalizado debe situarlo en la parte superior del registro, por encima del asiento.

–¿Es posible que en el área 1 no encuentre ningún responsable del recurso? –Sí, es posible, el ISBD nos dice que ese elemento es obligatorio si se dispone de él, pero que puede no existir o no estar presente. En este caso no se extraerá ningún punto de acceso relacionado con la responsabilidad o autoría del recurso. Antiguamente, cuando el asiento no *encabezaba* por ningún nombre, se decía que el asiento *encabezaba* por título. Es posible que escuche estas expresiones hoy día en su centro o departamento de proceso técnico.

8. El título preferido o forma normalizada del título

Posiblemente sea necesario introducir en la descripción un **título preferido** –antes denominado **título uniforme**– bajo el punto de acceso principal o superior (en unas ocasiones figurará entre corchetes y en otras no). En el caso de que sea necesario, este sería el momento de hacerlo, apoyándose para su redacción de nuevo en los principios de normalización de autoridades de la BNE.

Recuerde que para unificar todas las ediciones, variaciones, traducciones, formatos, etc. de un mismo *texto*, publicados incluso bajo títulos o denominación diferentes, se crean los títulos preferidos. Se trata de un elemento que representa de la mejor manera posible el título de la obra que se está catalogando, independientemente del título que figura en la portada del recurso. Este título se normaliza y se utiliza como punto de acceso de tal forma que permite recuperar todos los registros de una obra sea cual sea su manifestación.

Si en su centro se ha acordado el uso de la **RDA**, el título preferido no será necesario, puesto que sustituye al título de la obra materializada en la manifestación que se está describiendo.

9. Otros puntos de acceso

Una vez obtenido y normalizado el primer punto de acceso y el título preferido (si es necesario), debe afrontar la selección y normalización del resto de puntos de acceso. Consulte el esquema catalográfico y verá que en la parte inferior, debajo de la última de las áreas de la descripción, se indica en negrita una serie numerada de conceptos: materias, títulos, personas, **entidades corporativas** y series. Podrá extraer e indicar en el registro tantos puntos de acceso de estos tipos como recomienda la BNE, así como aquellos que usted considere según su fondo y sus usuarios.

¡Si no ha descubierto correctamente el punto de acceso principal es posible que cometa errores graves en los siguientes! Para elegirlos debe observar los elementos que aparecen en el área 1 de su asiento así como el punto de acceso superior y seguir lo indicado por el *Manual de autoridades* de la BNE, tanto para su obtención como para su normalización.

En el esquema ISBD que se le ha facilitado se puede advertir que estos puntos de acceso están ordenados y numerados. Debe atender a esta disposición e indicar en primer lugar las materias, numeradas mediante cifras arábigas para, a continuación, añadir los puntos de acceso necesarios de título o títulos, personas, entidades y series, numerados con caracteres romanos. Terminará el registro de puntos de acceso secundarios con un punto final.

Si se le solicita, añadirá el número de registro del recurso (número correlativo que se le asigna durante las operaciones de entrada al fondo) y la signatura **CDU** que permite su clasificación temática.

## 10. No ha terminado aún

Ahora debe revisar de nuevo y minuciosamente la puntuación en todo el registro, así como la ortografía. Sea escrupuloso con los espacios en blanco (los espacios que sobran o faltan en un registro pueden producir **ruido** y **silencio documental** en una búsqueda avanzada. Su registro no debe contener los dos puntos o el punto y coma o la barra pegados a la palabra anterior; este es un error grave). De nuevo, revise las sangrías y párrafos.

Ahora sí, ha terminado la descripción.

## 11. Automaticemos el registro catalográfico

Hasta aquí habrá conseguido completar una catalogación descriptiva. Si quisiera automatizarla usará MARC 21. Marcando el registro mediante las etiquetas, indicadores y códigos de MARC 21 podrá mejorar su intercambio con otros sistemas o catálogos que utilicen los mismos estándares y formatos para así reducir costes.

El formato MARC 21 dispone de una gran y compleja distribución de etiquetas con las que marcar todos y cada uno de los posibles elementos de nuestro registro descriptivo. Eso no significa que debamos aplicarlas todas. De hecho, en los centros y departamentos de proceso técnico se emplean unas etiquetas determinadas muy limitadas, en comparación con las opciones que ofrece el formato. No se asuste al abrir el formato y comprobar que tiene más de 800 páginas de etiquetas y códigos.

Así, lo primero que deberá aprender al llegar a su lugar de trabajo es cuáles de esas etiquetas adopta su centro y cuáles no. En general, en el sistema bibliotecario español, las etiquetas que se utilizan vienen siendo prácticamente las mismas en todos los centros. Las más importantes se han escogido para redactar la plantilla MARC 21 para la catalogación de monografías, diseñada para prácticas docentes que se incluye en el capítulo 8. Utilícela para automatizar sus descripciones prácticas.

Tenga a mano el formato MARC 21 o los apuntes que del formato haya establecido tras su estudio, así como la plantilla. Utilice las etiquetas apropiadas para los elementos que usted ya ha transcrito en su registro. Etiquete esos datos e información. Si dispone de un sistema informático de gestión, vaya trasladándolos al formato ayudándose del mismo. Normalmente, estos sistemas disponen de asistencia para la automatización y uso de MARC 21.

Le recomiendo que no catalogue directamente sobre un sistema en MARC 21 si está en fase de aprendizaje. Solo los expertos catalogan correctamente de esta forma. A usted le recomiendo que siga los pasos anteriores hasta que los interiorice y sea capaz de llevarlos a la práctica; primero describa, a continuación asigne puntos de acceso y, después, automatice el registro catalográfico resultante.

## 12. Últimos consejos

Cronométrese, especialmente si está preparando oposiciones o piensa hacerlo. Calcule el tiempo que tarda en realizar las portadas que le están sirviendo para practicar. Hágalo especialmente cuando ya tenga cierta soltura al respecto (al principio es normal tardar demasiado).

Piense que el día que se someta a evaluación tendrá un tiempo limitado para realizar los ejercicios que le propongan. Esto no significa que tenga que repartir el tiempo equitativamente entre los ejercicios prácticos que le planteen, sino que deberá analizar previamente las portadas, aproximar sus grados de dificultad y, entonces, repartir el tiempo de que disponga entre ellos teniendo en cuenta esto último. Debería poder catalogar las fáciles en menos de media hora para poder dedicar algo más de tiempo a las difíciles, ¿no es así?

Aproximadamente, es posible que necesite una hora u hora y cuarto para realizar las primeras portadas. Este tiempo debería irse reduciendo poco a poco según aumenta su experticia.

Por último, si está utilizando algún manual práctico con portadas resueltas, no lea las soluciones sin haberlo intentado antes. No lea las soluciones pensando que de esa manera aprenderá con mayor rapidez, no será así. Puede autoengañarse pero, si de verdad quiere aprender a catalogar, debe equivocarse. Solo después de haberlo intentado, haber rebuscado en el ISBD, en los apuntes y en los ejercicios, tan solo después de equivocarse y de leer la explicación de su error, se produce en usted el proceso de aprendizaje. Cuanto más haya consultado y explorado el ISBD, mejor lo conocerá. Si se limita a leer las soluciones, usted es uno de esos estudiantes que denominamos de gran memoria: esto le puede funcionar o no.

# 7. ESQUEMA CATALOGRÁFICO

A continuación, se ofrece un esquema con todas las áreas y elementos que conforman un **registro catalográfico**. Es especialmente útil si presta atención a la puntuación que separa elementos y áreas, pues le ayudará a determinar, en un registro real, qué elemento está observando –asocie el elemento con su puntuación anterior, no con la puntuación que le sigue sino con la que le precede–. Así, fíjese que un subtítulo siempre irá precedido de dos puntos (:), un título paralelo siempre irá precedido por un signo igual (=), una mención de responsabilidad siempre irá detrás de una barra oblicua (/), etc.

Además, se han marcado en color negro aquellos elementos obligatorios, obligatorios si están disponibles o si son aplicables (según **ISBD**). En color gris encontrará los elementos opcionales o no obligatorios (según ISBD). Por último, en negrita se destacan los **puntos de acceso normalizados**.

Observe que he enmarcado con línea discontinua la parte del registro catalográfico que conforma la descripción o **registro descriptivo** –para el que utilizará la ISBD–. El resto de los elementos se incorporan para facilitar la navegación por el **catálogo** (puntos de acceso, códigos de clasificación, números de registro, etc.).

Este esquema está especialmente diseñado para prácticas docentes. Llévelo consigo junto a su ISBD. Se actualizó por última vez en septiembre de 2023.

**Punto de acceso principal**
[Título preferido o Forma normalizada del título]

Forma del contenido (calificativo del contenido) : proceso de producción (calificativo del proceso de producción) ; tipo de medio

Título = Título paralelo : información complementaria de título. Título dependiente ; otros títulos / mención de responsabilidad ; otras menciones. – Mención de edición / mención de responsabilidad de edición ; otras menciones de edición, mención de edición adicional / mención de responsabilidad de la edición adicional. – Lugar de publicación : nombre de editorial, año (Lugar de impresión : nombre de impresor, año)

p. o v. : il. ; cm + material complementario. – (Título de serie = Título paralelo de la serie : información complementaria del título de serie / mención de responsabilidad de la serie ; otras menciones de responsabilidad de la serie, ISSN ; núm. Título de subserie o Título dependiente : información complementaria del título de la subserie / mención de responsabilidad de la subserie, ISSN ; núm.) (Otras series)

Nota. – Nota. – Nota

Número normalizado (información complementaria) : precio (información complementaria). – Número normalizado. – Número normalizado

**1. Materia. 2. Materia. I. Título. II. Persona. III. Entidad corporativa. IV. Serie.**

Número de registro

**CDU**

Leyenda colores:
Elemento obligatorio, obligatorio si está disponible o es aplicable (según ISBD)
Elemento opcional o no obligatorio (según ISBD)
**En negrita puntos de acceso normalizados**

# 8. PLANTILLA MARC 21

Con la misma función didáctica, le presento una plantilla que le ayudará a aprender a automatizar un **registro catalográfico** utilizando el formato **MARC 21**. En esta plantilla se incluyen los campos de longitud fija y variable más utilizados en nuestro sistema bibliotecario. Es posible que en su centro o **unidad de información** se apliquen algunos campos no contemplados aquí.

Se han marcado en color negro aquellas etiquetas obligatorias, obligatorias si están disponibles o si son aplicables (según MARC 21). En color gris encontrará las etiquetas opcionales o no obligatorias (según MARC 21).

Observe que la plantilla está formada por la cabecera, el directorio (marcado en color) y la zona de inserción de datos MARC 21 (en donde se deben indicar los códigos de las etiquetas, indicadores y códigos de subcampo). En algunos casos, para facilitar el aprendizaje, ya se han resuelto algunas etiquetas e indicadores. Los espacios en blanco son los que deberá utilizar para completar el etiquetado. Recuerde que en los campos de longitud fija (cabecera, números de control, códigos de información, etc.) cada espacio o casilla albergará tan solo un carácter.

Este esquema está especialmente diseñado para prácticas docentes. Llévelo consigo junto a su MARC 21. Se actualizó por última vez en septiembre de 2023.

| CABECERA | 00 | 01 | 02 | 03 | 04 | 05 | 06 | 07 | 08 | 09 | 10 | 11 |
|---|---|---|---|---|---|---|---|---|---|---|---|---|
| | - | - | - | - | - | | | | # | # | 2 | 2 |
| | 12 | 13 | 14 | 15 | 16 | 17 | 18 | 19 | 20 | 21 | 22 | 23 |
| | - | - | - | - | - | | | | 4 | 5 | 0 | 0 |

| NÚMERO DE CONTROL | 001 |
|---|---|
| IDENTIFICADOR | 003 |
| ÚLTIMA MODIFICACIÓN | 005 |

**CÓDIGOS DE INFORMACIÓN 008**

| Fecha de entrada | Tipo de fecha | Primera fecha | Segunda fecha | Lugar publicación | Ilustraciones | Público destina. |
|---|---|---|---|---|---|---|

| Forma publicación | Naturaleza contenido | Publicación oficial | Congreso | Homenaje | Índice | Forma literaria | Biografía | Lengua | Registro modificado | Fuente |
|---|---|---|---|---|---|---|---|---|---|---|

| DEPÓSITO LEGAL | 0 | 1 | 7 | # | # | |
|---|---|---|---|---|---|---|
| ISBN | 0 | 2 | 0 | # | # | |
| NIPO | 0 | 2 | 4 | 7 | # | |
| CENTRO CATALOG. | 0 | 4 | 0 | # | # | |
| LENGUA | 0 | 4 | 1 | | # | |
| CDU | 0 | 8 | 0 | | # | |
| PUNTO DE ACCESO PRINCIPAL 100 o 110 o 111 o 130 | 1 | | | | # | |

| TÍTULO UNIFORME | 2 | 4 | 0 | | | |
|---|---|---|---|---|---|---|

| TÍTULO UNIFORME COLECTIVO | 2 | 4 | 3 | | | |
|---|---|---|---|---|---|---|

| MENCIÓN DE TÍTULO | 2 | 4 | 5 | | | |
|---|---|---|---|---|---|---|

| EDICIÓN | 2 | 5 | 0 | # | # | |
|---|---|---|---|---|---|---|

| PUBLICACIÓN | 2 | 6 | 0 | # | # | |
|---|---|---|---|---|---|---|

| DESCRIPCIÓN FÍSICA | 3 | 0 | 0 | # | # | |
|---|---|---|---|---|---|---|

| FORMA DE CONTENIDO | 3 | 3 | 6 | # | # | |
|---|---|---|---|---|---|---|

| TIPO DE MEDIO | 3 | 3 | 7 | # | # | |
|---|---|---|---|---|---|---|

| | | 4 | 9 | 0 | | # | |
|---|---|---|---|---|---|---|---|
| SERIE | | | | | | | |
| | NOTA GENERAL | 5 | 0 | 0 | # | # | |
| | NOTA DE TESIS O DISCURSO | 5 | 0 | 2 | # | # | |
| | NOTA DE BIBLIOGRAFÍA | 5 | 0 | 4 | # | # | |
| | NOTA DE CONTENIDO | 5 | 0 | 5 | | | |
| NOTAS | NOTA SOBRE VERSIÓN ORIGINAL | 5 | 3 | 4 | # | # | |
| | NOTA DE LENGUA | 5 | 4 | 6 | # | # | |
| | OTRAS NOTAS | | | | | | |
| | OTRAS NOTAS | | | | | | |
| PUNTOS DE ACCESO ADICIONALES DE MATERIA 600 o 610 o 611 o 650 | | 6 | | | | | |
| | | 6 | | | | | |
| | | 6 | | | | | |
| PUNTOS DE ACCESO ADICIONALES 700 o 710 o 711 o 730 o 740 | | 7 | | | | | |
| | | 7 | | | | | |
| | | 7 | | | | | |
| PUNTOS DE ACCESO ADICIONALES DE SERIE | | 8 | 3 | 0 | # | | |
| | | 8 | 3 | 0 | # | | |

# 9. EJERCICIOS RESUELTOS PARA PRACTICAR

A continuación encontrará una selección de 10 ejercicios de catalogación descriptiva resueltos y explicados. Se trata de un conjunto sencillo, pensado para principiantes, pero lo suficientemente representativo como para obligarle a analizar y aplicar multitud de reglas y principios.

Tenga en cuenta que solo dispone de las fuentes de información que se ofrecen. En ocasiones le surgirán dudas que deberían resolverse disponiendo de todo el recurso. Recuerde que no hay una única descripción catalográfica correcta para un recurso determinado ya que el buen catalogador tomará decisiones en favor de sus usuarios y su fondo, cuando la norma lo permita.

Le recomendamos que no haga trampas, no lea las soluciones propuestas sin haberlo intentado antes, no se engañe. Debe aprender a catalogar equivocándose. Se trata de que utilice las normas y los estándares hasta que se haga con ellas.

Para resolverlos, deberá emplear al menos el ISBD y los principios de normalización de puntos de acceso que formula la BNE en su *Manual de autoridades*. A lo largo del capítulo, encontrará algunas referencias a las *Reglas de Catalogación* españolas (edición del 2010). Estas aparecen cuando la tradición catalográfica del sistema bibliotecario español mantiene alguna de sus reglas como necesaria para la correcta transcripción de un elemento, si el ISBD no aporta una solución ante un conflicto o cuando las *Reglas* aportan algún principio de normalización de punto de acceso no contemplado en el *Manual de Autoridades* de la BNE.

No olvide tener siempre a mano el esquema catalográfico que encontrará en el cap. 7. ¡Ánimo!

## Ejercicio 1

Portada

Verso de portada

Tabla de contenido

Solución:

Archivo Regional de la Comunidad de Madrid

Texto (visual) : impresión (publicado) ; sin mediación

Guía del Archivo Regional de la Comunidad de Madrid : historia y fondos / Archivo Regional de la Comunidad de Madrid. – 1.ª ed.. – Madrid : Archivo Regional de la Comunidad de Madrid, D. L. 1995

XI, 50 p. ; 23 cm

D. L. M-28203-1995

1. Archivo Regional de la Comunidad de Madrid–Guías. 2. Fondos archivísticos. I. Guía del Archivo Regional de la Comunidad de Madrid. II. Archivo Regional de la Comunidad de Madrid, ed.

Explicación:

Tras la lectura comprensiva de las fuentes de información que se nos ofrecen (portada, verso de portada y tabla de contenido) y el descubrimiento y localización en ellas de los elementos que van a formar parte de las áreas a través de la lectura, la reflexión y el análisis, comenzamos primero resolviendo el asiento bibliográfico o descripción (la áreas), después *sacaremos* y normalizaremos el punto de acceso principal basándonos en el área 1 y, por último, sacaremos y normalizaremos el resto de puntos de acceso del registro.

En el centro de la portada figura un título y, en tipografía menor, un subtítulo. En la parte superior de la portada, donde suelen disponerse los responsables del recurso, encontramos una entidad que parece la responsable intelectual de la publicación. Estos tres elementos: título, subtítulo y mención de responsabilidad, se transcriben en el área 1 tal y como aparecen en la portada, adaptando mayúsculas, minúsculas, acentuación y puntuación a las reglas ortográficas actuales de la lengua española. Recuerde: tras dos puntos, punto y coma o barra, siempre comenzaremos con minúscula, a menos que la palabra que le siga sea un nombre propio o la primera palabra de un título (no de un subtítulo) o palabra que en nuestra lengua se escriba con mayúscula.

En el verso no se indica el número o mención de edición de la obra por lo que se interpreta que es la primera y así lo transcribimos en el asiento.

En el margen inferior de la portada suelen figurar los datos a transcribir en el área de publicación. En este caso, encontramos la editorial, que es el mismo Archivo Regional de la CAM. La sede de esta editorial es la ciudad de Madrid, según figura en la contraportada o verso de portada.

En este caso, la editorial y la entidad responsable es la misma. Según la regla de la versión 2021 del ISBD 4.2.7.: si el nombre de una entidad consta desarrollado en el área 1, en el área 4 puede darse desarrollado o abreviado.

Por último, no consta en portada o en verso de portada año de edición. Si no contamos con un año de edición explícito, indicaremos el año de impresión; si tampoco tenemos dicha fecha, utilizaremos el del depósito legal y, por último, si tampoco aparece el depósito legal, recurriremos a la fecha del copyright (ISBD, 4.3.7.). En este caso, tenemos fecha de depósito legal.

Recuerde la prelación de las fechas a utilizar en esta área de publicación. Esta prelación es de uso en el sistema bibliotecario español:

En primer lugar, se toma como fecha la de la edición que suele figurar en el margen inferior de la portada o en el verso de portada junto a la mención de edición:

Madrid : Gredos, 2005

Si se carece de esta fecha, se utilizará la de impresión, que podemos encontrar en el verso de portada o en el colofón:

Madrid : Gredos, imp. 2005

En caso de que tampoco contemos con ella, buscaremos el depósito legal:

Madrid : Gredos, D. L. 2005

Si tampoco contamos con un depósito legal, recurriremos al copyright:

Madrid : Gredos, cop. 2005

Si no contamos con ninguna de ellas entonces, según lo indicado en la regla ISBD 4.3.8., aproximamos una data entre corchetes. Lo indicado en el punto 4.3.9. del estándar internacional no suele ponerse en práctica en nuestro sistema bibliotecario.

Para obtener el punto de acceso principal observamos el área 1, en la cual figura una entidad como responsable del recurso. Esta entidad será la que normalicemos y utilicemos como punto de acceso esencial. Las entidades de carácter cultural o científico se sitúan en el registro descriptivo directamente en la parte superior del mismo, sin necesidad de añadir jurisdicción, como indica el *Manual de autoridades* de la BNE (5.2.1.2).

El resto de puntos de acceso o puntos de acceso secundarios figurarán, normalmente, en la parte inferior del registro. En primer lugar y con numeración arábiga, se asignarán las materias de que trate el documento. A continuación, con numeración romana, normalizaremos el título del recurso, porque en este caso no se ha seleccionado como punto de acceso principal y deberá incluirse para facilitar la búsqueda y acceso a través de este. Todos los títulos que aparezcan en el área 1 y no figuren como punto de acceso principal, deben sacarse como puntos de acceso secundarios. No encontramos más autores personales que deban asumir su función de punto de acceso pero sí una entidad que hace la función de editora y que sacamos normalizadamente añadiendo la función que realiza, de forma abreviada. No hay más entidades que normalizar, ni tampoco series.

Tras la revisión de la puntuación, la ortografía y la disposición de párrafos podemos dar el registro catalográfico por terminado.

**Ejercicio 2**

Portada

Verso de portada

Tabla de contenido

Solución:

Texto (visual) : impresión (publicado) ; sin mediación

Cuentos para todos / ilustrados por Natalia Portela. – 2.ª ed.. –
Madrid : Coloreto, D. L. 1983

48 p. : il. col. ; 27 cm. – (Sopa de letras)

Contiene: El patito feo / Hans Christian Andersen. Pinocho / Carlo Collodi. El monstruo de colores /Anna Llenas. El pollo Pepe / Nick Denchfield. Peter Pan / J. M. Barrie. Grúfalo / Axel Scheffer, Julia Donaldson

D. L. M-65548-1983. – ISBN 9788420784565

I. Andersen, Hans Christian. II. Portela Ruiz, Natalia, il. III. Sopa de letras (Coloreto).

Explicación:

Tras la lectura comprensiva de las fuentes de información que se nos ofrecen (portada, verso de portada y tabla de contenido) y el descubrimiento y localización en ellas de los elementos que van a formar parte de las áreas, comenzamos primero resolviendo el asiento bibliográfico, después sacaremos y normalizaremos el punto de acceso principal basándonos en el área 1 y, por último, sacaremos y normalizaremos el resto de puntos de acceso necesarios para completar el registro.

La portada nos proporciona un listado de los títulos de las obras que incluye este recurso, aunque los autores de esas obras solo las encontramos en la tabla de contenido. Se trata de seis obras, seis cuentos, de seis autores diferentes. Además, el recurso presenta en portada un título colectivo en tipografía mayor y, debajo, información acerca de la ilustradora de toda la obra. Vaya al glosario del ISBD si necesita refrescar el concepto de título colectivo. Lea la regla 1.1.4.3. del ISBD en donde se indica que, en el caso que nos ocupa, se escogerá ese título colectivo como título a transcribir en el área 1, y el resto de títulos se darán en el área 7 de notas mediante la denominada nota de contenido, que se inicia siempre con la palabra Contiene: (ISBD, 7.7.2.). Esa nota de contenido se redactará utilizando las mismas normas de transcripción (puntuación, mayúsculas y minúsculas, acentuación, etc.) que se aplicarían en el área 1.

En la portada, bajo el título, encontramos la mención de responsabilidad de la ilustradora de la obra. No es este el lugar donde suele aparecer esta información, pero sin duda figura en la portada y, por lo tanto, se recogerá en el área 1, tal y como aparece.

En el margen inferior de la portada encontramos el nombre de la editorial, del cual eliminaremos la palabra editores. La sede de edición la rescataremos de ese mismo lugar.

El recurso no ofrece un año de edición. De nuevo, lo obtenemos del depósito legal, ateniéndonos a la prelación expuesta en la práctica anterior.

En la contraportada encontramos la mención de edición: segunda edición, que se transcribirá con números arábigos como indica el punto 2.1.2. del ISBD.

Por último, en el verso aparece el nombre de la serie a la que pertenece este recurso: Colección Sopa de letras. El ISBD no lo contempla pero, según las *Reglas de Catalogación* españolas, punto 1.6.3.A., se suprime la palabra colección, serie o equivalente siempre que esta palabra tenga valor introductorio y que el resto del título de serie sea coherente y representativo. Se exceptúa de esta regla la palabra biblioteca, que se mantiene siempre.

¿Sacamos y normalizamos los puntos de acceso? En este caso recurrimos al principio del *Manual de autoridades* de la BNE que indica que si son más de tres los autores personales responsables del recurso (aparezcan en el área 1 o en el área 7 de notas), ninguno de ellos figurará como punto de acceso principal. Además, tenemos un título colectivo en el área 1, sin un responsable general de la obra. Por último, la norma señala que el primero de los autores que aparezca en el recurso y no figure como punto de acceso principal se sacará y normalizará como secundario.

Por ello, encabezamos el registro principalmente por título, y en la parte inferior del registro, como punto de acceso sacamos a Andersen como autor, normalizado con la fórmula Apellidos,

Nombre (sin la abreviación aut.). Recuerde: los únicos que en puntos de acceso no llevan función abreviada (no llevan il., trad., ed. lit., prol., etc.) son los autores (nunca se añade aut.), y los homenajeados.

También figurarán como punto de acceso el nombre normalizado de la ilustradora y el nombre de la serie que, al ser muy común, lo calificaremos entre paréntesis con el nombre de la editorial.

El título no se volverá a indicar como punto de acceso. Tampoco se extraen materias porque se trata de un recurso literario. Recuerde: la literatura y los libros sagrados nunca llevan materias.

Puede que, llegado a este punto, se haga esta pregunta: si un usuario está buscando el cuento de Peter Pan, de Barrie, a través de puntos de acceso, ¿encontrará este recurso que estamos catalogando? Normalmente, tanto los módulos de catalogación de los sistemas integrados de gestión bibliotecaria como el formato MARC21, contemplan la idea de que los títulos y responsables de obras que figuran en el área 7, como nota de contenido, formen puntos de acceso de forma automatizada. En todo caso, si esto no sucediera en su centro catalogador, le recomiendo que saque todos los títulos y responsables de las obras como puntos de acceso en el registro catalográfico.

**Ejercicio 3**

```
      COMISIÓN DE ESTUDIOS DE LA
rED DE pROFESORES uNIVERSITARIOS DE eSPAÑA




        dEBATE
    eDUCACIONAL
    reflexiones sobre la enseñanza universitaria actual




     Servicio de publicaciones de la
  Red de Profesores Universitarios de España
               Madrid
               1975
```

Portada

```
Colección
TEMAS Y PROBLEMAS EDUCATIVOS




Editado en España. Impreso en España
I S B N 84 3225 6544 9
Depósito legal M-65548-1975
```

Verso de portada

Solución:

Red de Profesores Universitarios de España. Comisión de estudios

Texto (visual) : impresión (publicado) ; sin mediación

Debate educacional : reflexiones sobre la enseñanza universitaria actual / Comisión de estudios de la Red de Profesores Universitarios de España. – 1.ª ed.. – Madrid : Servicio de publicaciones de la RPUE, 1975

47 p. ; 25 cm. – (Temas y problemas educativos)

D. L. M-65548-1975. – ISBN 84-3225-6544-9

1. Enseñanza universitaria. 2. Universidad–Congresos. I. Debate educacional. II. Red de Profesores Universitarios de España. Servicio de publicaciones, ed. III. Temas y problemas educativos.

Explicación:

Tras la lectura comprensiva de las fuentes de información que se nos ofrecen (portada y verso de portada) y el descubrimiento y localización en ellas de los elementos que van a formar parte de las áreas, comenzamos primero resolviendo el asiento bibliográfico, después sacaremos y normalizaremos el punto de acceso principal basándonos en el área 1 y, por último, el resto de puntos de acceso.

En este caso, el título que figura en la portada no parece que lleve a ningún error como tampoco su subtítulo. Recuerde: el subtítulo explica el título, lo amplia, lo complementa. No olvidaremos arreglar las mayúsculas y minúsculas conforme a la ortografía actual de nuestra lengua. En la parte superior, en el lugar donde suelen figurar los responsables de la obra, se indica el nombre de una entidad. Si tuviéramos el resto del recurso podríamos comprobar si esta entidad es, efectivamente como parece, la responsable y que, por tanto, se transcribirá como mención de responsabilidad en el área 1.

Sin embargo, tenga cuidado en otros casos porque, según el estándar ISBD 1.4.3.8., no se da como mención de responsabilidad el nombre de una entidad corporativa que aparece en la fuente de información preferida si su función no está especificada ni puede deducirse del recurso que se está describiendo ni de otra fuente. En este caso, su nombre se da en el área de notas. Esto es así para evitar que una entidad solo patrocinadora sea considerada autora de la obra. En ese caso, el registro quedaría así:

Texto (visual) : impresión (publicado) ; sin mediación

Debate educacional : reflexiones sobre la enseñanza universitaria actual. – 1.ª ed.. – Madrid : Servicio de publicaciones de la RPUE, 1975

47 p. ; 25 cm. – (Temas y problemas educativos)

D. L. M-65548-1975. – ISBN 84-3225-6544-9

Volvamos a nuestra práctica.

En la misma portada, margen inferior, encontramos todos los datos necesarios para completar el área de publicación: el lugar y el año de publicación, y un Servicio de publicaciones.

En este caso, dicho *Servicio de publicaciones* no tiene la suficiente entidad como para poder representarse por sí mismo sin confundirse con otros de nombre similar, por lo que necesita ir acompañado de la entidad superior a la que pertenece y que también consta en portada. En el área de publicación, esta entidad se expresará tal y como aparezca en portada (como siempre, ajustando mayúsculas, minúsculas, acentuación y puntuación). Cuando esta entidad deba normalizarse para establecerse como punto de acceso, se expresará, según el *Manual de autoridades* de la BNE (5.2.1.), en orden directo: primero la entidad superior aclarando, si es necesario, entre paréntesis, su lugar de adscripción seguida, tras un punto, de la entidad menor.

En el verso de portada, margen superior, encontramos un título de serie que debemos transcribir en el área 6. Recuerde: el ISBD no prescribe nada al respecto, pero las *Reglas de Catalogación* españolas (RC, 1.6.3. A) indican que se debe suprimir la palabra colección, serie o equivalente siempre que estas palabras tengan un valor introductorio y que el resto del título de serie sea coherente y representativo. Se exceptúa la palabra Biblioteca de esta regla. Esta es similar a la que nos pide eliminar la palabra editorial y s. a. del nombre de la editorial en el área 4 de publicación.

Si nos fijamos en el área 1, ¿tengo una mención de responsabilidad principal del recurso? Sí, parece que tengo una entidad. Esta entidad será mi punto de acceso principal. Para normalizarlo, observamos que tenemos una entidad subordinada a otra superior, una comisión dentro de una red, por lo que normalizaremos la entidad de forma directa: en primer lugar la entidad mayor (aclarada, si es necesario por el lugar donde se asienta. En este caso el propio nombre de la red incluye su jurisdicción y no es necesario), seguida de punto y del nombre de la entidad subordinada.

No se nos debe olvidar hacer constar como punto de acceso el título del recurso (porque no se ha considerado como punto de acceso principal: si no aparece como principal en la parte superior del registro, debe aparecer en la inferior), y el nombre normalizado de la editorial (al ser una red y no una mera empresa editorial). *Ut supra* se ha explicado cómo debe normalizarse la editorial; no debe olvidarse de indicar, de forma abreviada, la función que tiene esa entidad.

Por último, el nombre de la serie se saca como punto de acceso. En este caso, no es necesario aclararla mediante paréntesis con el nombre de la editorial, pues se identifica por sí misma. No debemos olvidar las materias (numeradas en arábigos) puesto que este no es un recurso de carácter literario.

Tampoco debemos olvidar repasar bien los signos de puntuación antes de terminar.

## Ejercicio 4

M. W. SHELLEY

**FRANKENSTEIN**
**O**
**EL MODERNO PROMETEO**

Editorial Maine, S. A.
Barcelona-Madrid

Portada

*Clásicos*
*Modernos*

Título original de la obra:
*Frankenstein, or The Modern Prometheus*

1.ª edición, enero 1981
6.ª edición, julio 1996

Diseño de cubierta: La Casucha°Diseño gráfico
Ilustración de cubierta: *El Mar Glacial*, de Caspar David Friedrich

Reservados todos los derechos. El contenido de esta obra está protegido por la Ley, que establece penas de prisión y/o multas, además de las correspondientes indemnizaciones por daños y perjuicios, para quienes reprodujeran, plagiaran, distribuyeran o comunicaren públicamente, en todo o en parte, una obra literaria, artística o científica, o su transformación, interpretación o ejecución artística fijada en cualquier tipo de soporte o comunicada a través de cualquier medio, sin la preceptiva autorización

© 1968, Taylor Romm, para el texto.
© 1981, Editorial Maine, s. a. Bravo Murillo, 58. Barcelona, para la publicación en español.

Traducción de Aurora Botezan
Ilustraciones de Mercedes María Vidal

Impreso en España. Printed in Spain
Camus S. A., Barcelona
Depósito legal: B.9836-96
ISBN 84-985-6522-0

Verso de portada

Solución:

Shelley, Mary Wollstonecraft (1797-1851)

Texto (visual) : impresión (publicado) ; sin mediación

Frankenstein o El moderno Prometeo / M. W. Shelley ; [traducción de Aurora Botezan ; ilustraciones de Mercedes María Vidal].

– 6.ª ed.. – Barcelona : Maine, 1996

124 p. : il. ; 20 cm. – (Clásicos Modernos)

Título original: Frankenstein, or The Modern Prometheus

D. L. B.9836-96. – ISBN 84-985-6522-9

I. Frankenstein. II. El moderno Prometeo. III. Botezan, Aurora, trad. IV. Gutiérrez Vidal, Mercedes, il. V. Clásicos Modernos (Maine)

Explicación:

Este es un recurso muy fácil de catalogar pero con pequeños detalles a tener en cuenta.

De la portada obtenemos el título del recurso que está formado por el título propiamente dicho y por un título alternativo. Es decir, en este caso tenemos dos títulos. Cuidado con no olvidar la mayúscula detrás de la -o-. Según la Real Academia Española, los títulos en español llevan la primera letra de la primera palabra en mayúscula. Observe que en lengua inglesa los títulos llevan en mayúscula la primera letra de cada palabra representativa o con contenido semántico. Esto no se aplica a los subtítulos.

La autora principal de la obra figura en la parte superior de la portada como era de esperar. Además, en nuestro análisis preliminar hemos anotado que en el verso de portada aparecen dos menciones de responsabilidad adicionales: una traductora y una ilustradora. Ambas deben figurar en el área 1 pero entre corchetes (al haber obtenido su información de una fuente que no es la prescrita). Fíjese que aunque son dos funciones diferentes las de estas, y por tanto, están separadas por punto y coma, los corchetes son únicos para ambas. Esto se debe al principio de economía de la catalogación que rige la norma, y que se permite en el caso de mismos elementos de una misma área:

M. W. Shelley ; [traducción de Aurora Botezan ; ilustraciones de Mercedes María Vidal] → Así sí.

~~M. W. Shelley ; [traducción de Aurora Botezan] ; [ilustraciones de Mercedes María Vidal]~~ → Así no.

En el verso de portada, encontramos las menciones de edición y la fecha de publicación. Debemos escoger la última de ellas: 6.ª edición, publicada en 1996. Este año de publicación se completa con los datos que encontramos en la parte inferior de la portada. Al nombre de la editorial le eliminamos la palabra Editorial y la referencia a su carácter como sociedad anónima, como ya sabe.

Respecto al lugar de publicación debemos tener cuidado para no caer en un error. Podríamos interpretar que el lugar es doble: Barcelona y Madrid, según se indica en la portada, pues la editorial tiene sede en ambas. En ese caso, el área de publicación quedaría así, según ISBD 4.1.3., 4.1.4. y 4.1.5.:

Barcelona ; Madrid : Maine, 1996

o también sería correcto:

Barcelona [etc.] : Maine, 1996

Sin embargo, reflexione, piense en el recurso que está catalogando, en la edición concreta que está catalogando. En el verso de portada dice:

… Editorial Maine, s. a. Bravo Murillo, 58. Barcelona, para la publicación en español.

Existe una edición de esta obra, del año 1968, publicada por la editorial Taylor Romm. En 1981, la editorial Maine consigue los derechos y publica la obra en español por primera vez. En concreto, la edición que estamos catalogando, la sexta, está publicada, depositada e impresa en Barcelona, como se deduce de la dirección de la editorial, la letra del depósito legal y la dirección de la empresa que la ha impreso.

Estos datos me llevan a transcribir el área así:

Barcelona : Maine, 1996

No obstante, en un examen consideraría correctas las tres propuestas anteriores.

En el verso de portada, formando parte de un logotipo encontramos las palabras Clásicos Modernos. Se trata del nombre de una colección o serie de Maine. Si desconocemos este hecho podemos informarnos en Internet. No tenemos el número de la serie, seguramente se encuentre en el lomo el recurso. No olvide comprobarlo y tampoco olvide los paréntesis al transcribir la serie.

Podemos incluir en el área de notas la información sobre el título original que se observa el verso de portada; es opcional. Recuerde redactar las notas siempre de forma muy breve, objetiva y concisa; evitando repetir datos y utilizando la puntuación de cada área si es preciso.

Para deducir el punto de acceso principal nos fijamos en el área 1. ¿Tenemos un responsable principal del recurso? Sí, tenemos una autora personal principal. Esta formará nuestro punto de acceso principal y lo normalizaremos con la regla Apellido, Nombre. Añadimos sus fechas de nacimiento y fallecimiento si lo consideramos oportuno. Actualmente la BNE añade estos datos por defecto, aunque las *Reglas de Catalogación* y el propio *Manual* de la BNE no lo consideran de obligada consignación si en el catálogo de autoridades propio no presenta problemas de homonimia (5.1.1.2.).

El resto de puntos de acceso serían los siguientes:

En primer lugar, recordemos que los recursos de tipo literario no llevan materias. Comenzamos con los títulos, porque son dos, no uno. Ninguno de ellos figura como punto de acceso principal, por lo tanto hay que disponer ambos como puntos de acceso en la parte inferior del registro.

Recuerde, si tuviéramos dos o más títulos en el área 1, y uno de ellos ya se hubiera conformado como punto de acceso principal, entonces ese ya no se volvería a marcar como punto de acceso, pero los demás sí. Si no encabezan el registro bibliográfico arriba, deben constar abajo.

La letra -o- desaparece, no forma parte de ninguno de los dos título al sacarlos como puntos de acceso.

Sobre el artículo por el que comienzan algunos títulos, debe saber que puede llevarlo al final del título tras una coma o puede dejarlo como está. Esta elección va a depender del sistema informático que tenga su centro catalogador. Yo suelo dejarlo como está (puede generar problemas con las mayúsculas):

El moderno Prometeo

y no

Moderno Prometeo, El

Debemos normalizar el nombre de la traductora y de la ilustradora como puntos de acceso con la regla Apellido, Nombre. Pero, cuidado con la ilustradora. Según el punto 15.1.2. B de las *Reglas de Catalogación* españolas, si el primer apellido de un autor puede confundirse con un nombre propio, el punto de acceso se iniciará con el segundo apellido. Entonces:

Mercedes María Vidal

se normaliza así:

Vidal, Mercedes María

No sacamos la editorial como punto de acceso por ser una entidad de tipo comercial, pero sí la serie. No olvide revisar la puntuación, mayúsculas y ordenación de los elementos en el registro antes de darlo por terminado.

# Ejercicio 5

**Sobre la conservación de los espacios naturales**

**Comparecencias del Presidente del Gobierno, D. Felipe González, ante el Congreso de los Diputados**

Madrid, 29 de marzo y 2 de abril de 1989

Portada

Edita: Ministerio del Portavoz del Gobierno.

NIPO: 560-65-558-6
ISBN 84 3255654-25-3
Depósito legal M-8561-1989

Impreso en Gráfica General.
Morata, 68. 28045 Madrid.

Verso de portada

CONTENIDO

Tabla de contenido

Solución:

España. Presidente del Gobierno

Texto (visual) : impresión (publicado) ; sin mediación

Sobre la conservación de los espacios naturales : comparecencias del presidente del gobierno, D. Felipe González, ante el Congreso de los Diputados : Madrid, 29 de marzo y 2 de abril de 1989. – 1.ª ed.. – [Madrid] : Ministerio del Portavoz del Gobierno, D. L. 1989

132 p. ; 20 cm

NIPO 560-65-558-6. – D. L. M-8561-1989. – ISBN 84 3255654-25-3

1. Naturaleza–Conservación. 2. Naturaleza–Protección. 3. Parques naturales–España. I. Sobre la conservación de los espacios naturales. II. González Márquez, Felipe. III. España. Ministerio del Portavoz del Gobierno, ed.

Explicación:

Tras la lectura comprensiva de las fuentes de información que se nos ofrecen (portada, verso de portada y tabla de contenido) y el descubrimiento y localización en ellas de los elementos que van a formar parte de las áreas, comenzamos primero resolviendo el asiento bibliográfico, después sacaremos el punto de acceso principal basándonos en el área 1 que situaremos en la parte superior del registro y, por último, sacaremos el resto de puntos de acceso, que situaremos al final.

En la portada figuran tres bloques de texto con tipografías de tamaño diferente: el de tamaño mayor será considerado un título, y los de tipografía menor serán dos subtítulos.

En el área 1 de título, seremos cuidadosos al ajustar las mayúsculas y minúsculas según la ortografía española. En caso de duda se consultará el *Diccionario panhispánico de dudas* de la RAE. En este caso, presidente de gobierno, se escribe con minúscula y Congreso de los Diputados con mayúsculas iniciales.

En la parte superior de la portada, donde suelen disponerse los autores o entidades responsables, no encontramos datos. En el margen inferior de la portada, donde suelen figurar los datos a transcribir en el área de publicación, tampoco. Cuidado: no confundir la fecha de la comparecencia del presidente, que figura como subtítulo en la portada, con la fecha de publicación del recurso, que no figura.

Por otro lado, si la mención de responsabilidad de un recurso se presenta unida gramaticalmente al subtítulo, se transcribe vinculada a ese subtítulo y no tras la barra (ISBD, 1.3.2.). En este caso, el texto del recurso recoge varias comparecencias de Felipe González, unos textos escritos por él, *en el ejercicio de sus funciones como presidente del gobierno*. Por lo tanto, él es el autor principal, pero como su nombre forma lingüísticamente parte integrante del subtítulo no se vuelve a repetir como mención de responsabilidad tras una barra.

Las fórmulas de tratamiento, origen, profesión, cargos académicos, distinciones, dignidad, etc. asociadas al nombre se eliminan de la mención de responsabilidad, según el ISBD 1.4.5.5., pero no en los títulos y subtítulos. Por lo tanto, se mantiene el tratamiento que precede al nombre de Felipe González.

Como decíamos, el lugar de edición no consta en el documento, pero se puede conocer por otras fuentes y puede indicarse entre corchetes (ISBD, 4.1.12). En el recurso no se encuentra fecha de edición ni de impresión, por lo que se utiliza la fecha del depósito legal para el área de publicación (ISBD, 4.3.7).

La entidad editora, en este caso, figura claramente en el verso de portada y la utilizaremos para el área 4. Esta entidad también se sacará y normalizará como punto de acceso como tal.

En el área 8 se dan los identificadores que se consideran importantes. El NIPO equivale al ISBN en publicaciones de carácter oficial o en aquellas en las que la entidad editora pertenece a la Administración del Estado, como es este caso. Si aparece, es costumbre indicarse en primer lugar, seguido del número de depósito legal y del ISBN.

Para obtener el punto de acceso principal observamos el área 1, en la cual figura Felipe González como autor del recurso en el ejercicio de sus funciones como presidente del gobierno. Por ello, él, el presidente del gobierno encabezará el asiento bibliográfico. No como persona: González Márquez, Felipe, sino como Presidente. En los puntos de acceso, a los jefes de gobierno les precede la jurisdicción sobre la que ejercen su autoridad, en este caso España. La norma determina que también se establecerá punto de acceso no principal por el nombre de la persona que ocupa el cargo (RC, 15.2.2. D b).

En el resto de puntos de acceso que normalizaremos, dispondremos, en primer lugar, las materias de que trata el documento. A continuación, con numeración romana, sacamos y normalizamos el título del recurso, porque no consta como punto de acceso principal y, por tanto, debe consignarse (todos los títulos que aparezcan en el área 1 y que no figuren como punto de acceso principal, en la parte superior del registro, deben sacarse como puntos de acceso en la parte inferior. Recordemos que solo se sacan los títulos, no los subtítulos).

A continuación, sacamos y normalizamos el nombre de persona que ejerce el cargo de presidente. Seguidamente, podemos incluir la entidad editora seguida, tras una coma, de su función abreviada. En este caso, la entidad es un ministerio y debe encabezar por la jurisdicción sobre la cual ejerce su autoridad, es decir, España. No hay más entidades que normalizar, ni tampoco series. Revise la puntuación y las mayúsculas de todo el registro.

# Ejercicio 6

MINISTERIO DEL INTERIOR

PROYECTO DE LEY ORGÁNICA
DE PROTECCIÓN DE LA
SEGURIDAD CIUDADANA

SECRETARÍA GENERAL TÉCNICA
CENTRO DE PUBLICACIONES
2014

Portada

Edita: Centro de publicaciones del Ministerio del Interior
NIPO: 052-95-214-3
ISBN: 84-7785-658-0
Depósito Legal: M-35855-2014
Imprime: CataImpreso
Valverdina, 32-28016 Madrid

Verso de portada

ÍNDICE

| | Págs. |
|---|---|
| PRESENTACIÓN | 11 |
| EXPOSICIÓN DE MOTIVOS | 13 |
| **TÍTULO PRELIMINAR** | 61 |
| **CAPÍTULO I.** Disposiciones generales | 63 |
| **CAPÍTULO II.** Documentación e identificación personal | 68 |
| **CAPÍTULO III.** Actuaciones para el mantenimiento y restablecimiento de la seguridad ciudadana | 75 |
| **CAPÍTULO IV.** Potestades especiales de policía administrativa de la seguridad | 99 |
| **CAPÍTULO V.** Régimen sancionador | 132 |

Tabla de contenido

Solución:

España. Ministerio del Interior

Texto (visual) : impresión (publicado) ; sin mediación

Proyecto de Ley Orgánica de Protección de la seguridad ciudadana. – 1.ª ed.. – [Madrid] : Centro de publicaciones del Ministerio del Interior, 2014

182 p. ; 24 cm

NIPO 052-95-214-3. – D. L. M-35855-2014. – ISBN 84-7785-658-0

1. Orden público–Derecho y legislación–España. 2. Seguridad ciudadana–Derecho y legislación–España. I. Proyecto de Ley orgánica de Protección de la seguridad ciudadana. II. España. Ministerio del Interior. Centro de publicaciones, ed.

Explicación:

Tras la lectura comprensiva de las fuentes de información que se nos ofrecen (portada, verso de portada y tabla de contenido), parece que el recurso es un proyecto de ley elaborado por el Ministerio del Interior y que aún no se ha aprobado (se trata de un proyecto, no de la ley en sí).

Cuidado con las mayúsculas en el área 1 (Ver *Manual de autoridades* de la BNE, 5.4.1.5.).

Para redactar el elemento editorial del área 4, tendremos en cuenta lo que el ISBD indica acerca de las fuentes principales de información para esta área: «si los distintos elementos de esta área están presentes en fuentes de información diferentes, puede resultar necesario combinarlo a partir de las distintas fuentes».

En la parte inferior de la portada de este recurso se indica que la publicación corre a cargo del Centro de publicaciones de la Secretaría General Técnica, pero no indica a qué ministerio pertenece dicha secretaría. Todos los ministerios van a contar con una Secretaría General Técnica y el servicio de publicaciones dependerá de ella. La portada no ofrece información suficiente.

Por otra parte, en el verso de portada se indica que el Centro de publicaciones que publica este recurso es el del Ministerio del Interior.

Cuando transcribimos la editorial en el área 4 debemos hacerlo de manera que esta sea clara y unívoca. Solo con los datos de la portada no es suficiente. Entonces, se plantean dos opciones:

Escoger los datos que figuran en el verso de la portada y conformar con ellos el elemento:

[Madrid] : Centro de publicaciones del Ministerio del Interior, 2014

O combinar la información de ambas fuentes, como me permite el estándar ISBD:

[Madrid] : Ministerio del Interior, Secretaría General Técnica, Centro de publicaciones, 2014

Entre estas dos opciones y apelando a la economía y claridad en la catalogación (las entidades intermedias se suelen eliminar), prefiero la primera alternativa para este caso.

Para el punto de acceso principal debemos tener en cuenta, de nuevo, que no estamos ante la publicación de una Ley Orgánica, sino ante el proyecto de ley (*Manual de autoridades* de la BNE, 5.4.1.5. y RC, 16.5.). Los proyectos de ley, que aún no han sido aprobados por las Cortes Generales, encabezan por el organismo que los ha redactado o trabajado, en este caso el Ministerio del Interior. Debe señalarse además la jurisdicción sobre la cual actúa dicho Ministerio: España. Ministerio de Justicia

Entre el resto de puntos de acceso que debemos normalizar no se nos deben olvidar las materias en numeración arábiga, el título del recurso (que no forma punto de acceso principal) y la entidad editora con su función abreviada (en este caso, al ser un ministerio el que edita y no tratarse de una entidad meramente comercial, debe sacarse). ¿Cómo se normaliza el servicio o centro de publicaciones de un ministerio? Debe consultar el *Manual de autoridades* de la BNE en lo relativo a entidades de la administración subordinadas (5.2.). Recordemos que las entidades que deban subordinarse lo harán omitiendo aquellos niveles jerárquicos intermedios que no sean imprescindibles para la identificación de la misma.

# Ejercicio 7

**Biblioteca de Textos Legales**

*Consejo asesor:*
Mara Sánchez Rodríguez
Almudena Requejo Sarmiento
María Carmen Lozano Sánchez
María Jesús Martín Arroyo

## ESTATUTO DE AUTONOMÍA DE GALICIA

Edición de
**María J. Dolero Regadera
y Ana Vilches Portela**
Catedráticas de Derecho Constitucional
de la Universidad de Santiago de Compostela

**Arranzami**

Anteportada           Portada

---

Diseño de cubierta: J. M. Méndez y J. Cuenca
Impresión de cubierta: Graficas Placeat

© del prólogo y notas e índices María Jesús Dolero Regadera y Ana Vilches Portela, 1996
© de la edición, editorial Arranzami, 1996
Rua Alcaide, 36. 13701. Santiago de Compostela

ISBN: 84-309-9812-X
Depósito legal: VG 215-1996

Imprime: OrenaPress
Almendros, 32. Ourense (España)

Verso de portada

---

### INDICE SISTEMÁTICO

Tabla de contenido

Solución:

Galicia

[Estatuto de autonomía, 1981]

Texto (visual) : impresión (publicado) ; sin mediación

Estatuto de autonomía de Galicia / edición de María J. Dolero Regadera y Ana Vilches Portela. – 1.ª ed.. – Santiago de Compostela : Arranzami, D. L. 1996

159 p. ; 24 cm (Biblioteca de Textos Legales / consejo asesor Mara Sánchez Rodríguez ... [et al.] ; 28)

Incluye índice analítico. – Textos en español y gallego

D. L. VG 215-1996. – ISBN 84-309-9812-X

1. Galicia—Legislación. 2. Autonomía–Galicia. I. Estatuto de autonomía de Galicia. II. Dolero Regadera, María Jesús, ed. III. Vilches Portela, Ana, ed. IV. Biblioteca de Textos Legales (Arranzami).

Explicación:

Tras la lectura comprensiva de las fuentes de información que se nos ofrecen (anteportada, portada, verso de portada y tabla de contenido), parece que el recurso es una edición bilingüe de un estatuto de autonomía ya aprobado.

Tengamos en cuenta que, en catalogación, consideramos que la legislación, en general, no tiene autor como tal, pero sí puede ser necesario describir un recurso legislativo que presenta en su portada un editor o persona que prepara la edición para su publicación. Recordemos que este tipo de editores no conforman puntos de acceso principales.

Para redactar el elemento editorial del área 4, tendremos en cuenta la información que nos brinda el verso de portada.

En la anteportada encontramos datos acerca de una colección o serie, así como de su consejo asesor. Considere abreviar la mención de responsabilidad de la serie utilizando [et al.] al encontrar un número de responsables mayor de tres. No se observa en estas fuentes el número de la serie, pero suponga que en el lomo figura el número 28.

En este caso, hemos introducido dos notas que ayudarán al usuario del catálogo. Una acerca de la inclusión de un índice analítico en el recurso que permite navegar por el mismo y una segunda nota acerca del carácter bilingüe del texto (observe la tabla de contenido).

Para obtener y normalizar el punto de acceso principal y el título preferido (que, en el caso de legislación es imperativo), debemos tener en cuenta, que nos encontramos ante la publicación de un estatuto de autonomía, es decir, de una Ley Orgánica (*Manual de autoridades* de la BNE, 5.4.1.5 y RC, 16.5).

Este tipo de recursos necesitan de un título preferido que encabezará el registro y que se conforma de la siguiente manera:

[Título de la ley, año de promulgación de la ley (no de edición, ojo)]

El punto de acceso principal, que se sitúa encima del título preferido será aquella jurisdicción (lugar), sobre el cual se ejerce la ley. En este caso, Galicia.

Entre el resto de puntos de acceso que debemos normalizar no se nos deben olvidar las materias en numeración arábiga, el título del recurso (que no forma punto de acceso principal), las editoras con su función abreviada y la serie.

# Ejercicio 8

La innovación en las
bibliotecas regionales españolas

ACTAS DEL V CONGRESO NACIONAL DE ANBB

Plasencia (Cáceres), 8, 9 y 10 de junio de 2003

Anteportada

---

La innovación en las
bibliotecas regionales
españolas

ACTAS DEL V CONGRESO NACIONAL DE ANBB

Portada

---

Edición a cargo de:
María Luisa Regino Arroyo
Fernando Suárez
Ana María Rodríguez Ventura
Clara Benítez Ruiz

Edita: ANBB Diputación Cáceres

© de los artículos, los autores
© de la edición, ANBB y Diputación de Cáceres

Primera edición, 2003.

ISBN: 84-33852-65-6
Depósito legal: CC-658-2003

Imprime: Imprenta Placentina
Calle de Talavera, 9. Plasencia (Cáceres).
Impreso en España

Verso de portada

---

ÍNDICE GENERAL

Tabla de contenido

Solución:

Asociación Nacional de Bibliotecas y Bibliotecarios (España). Congreso nacional (5.º 2003. Plasencia)

Texto (visual) : impresión (publicado) ; sin mediación

La innovación en las bibliotecas regionales españolas : actas del V congreso nacional de ANBB : [Plasencia (Cáceres), 8, 9 y 10 de junio de 2003] / [edición a cargo de María Luisa Regino Arroyo ... et al.]. – 1.ª ed.. – [Cáceres] : ANBB : Diputación de Cáceres, D. L. 2003

711 p. : il. ; 24 cm

Textos en español y francés

D. L. CC-658-2003. – ISBN 84-33652-65-6

1. Bibliotecas públicas–España. 2. Redes de bibliotecas–España. I. La innovación en las bibliotecas regionales españolas. II. Regino Arroyo, María Luisa, ed. lit. III. Asociación Nacional de Bibliotecas y Bibliotecarios (España), ed. IV. Cáceres (Provincia). Diputación, ed.

Explicación:

Tras la lectura comprensiva de las fuentes de información que se nos ofrecen (anteportada, portada, verso de portada y tabla de contenido), parece que el recurso presenta la actas del congreso nacional de la ANBB (Asociación Nacional de Bibliotecas y Bibliotecarios). Cuidado: no confundir la portada con la anteportada.

Esta portada no nos plantea dudas en relación con la elección del título, puesto que el módulo mayor de *La innovación en las bibliotecas...* nos prescribe la solución.

Según la regla ISBD 1.1.4.1.1., cuando aparecen varios títulos en la portada, o los datos de ella pueden resultar confusos al respecto, el título propiamente dicho se elige en función de su tipografía. Siendo así, está clara la elección de *La innovación en las bibliotecas...* como título propiamente dicho al figurar con tipografía mayor y, además, en primer lugar, quedando *Actas del V congreso...* como subtítulo.

También es correcto pensar que el título propiamente dicho es siempre el más significativo y generalista, independientemente de la tipografía con la que figura en portada con respecto a otros títulos o subtítulos, siendo el subtítulo el que aclara o explica el contenido del título.

Además, en la anteportada (que no es fuente prescrita de información para el área 1) encontramos un segundo subtítulo que podemos transcribir entre corchetes.

Al respecto de la mención de responsabilidad, en el verso de portada figuran cuatro editoras literarias o personas que se han hecho cargo de la coordinación, revisión, etc. del recurso. Estas deben transcribirse en el área 1 como responsables, pero entre corchetes. Pueden recogerse las cuatro detrás de la barra (esta opción sería correcta), pero como son más de tres, también es correcto aportar tan solo la primera seguida del signo de omisión y la abreviación de la locución latina *et alii*. En este caso, dicha locución no llevará corchetes para no redundar con los corchetes propios del elemento. Recuerde: economía de la catalogación. Sin embargo, ¿por qué no incluyo también, en los mismos corchetes, el segundo subtítulo? Porque se trata de un elemento distinto del área.

Párese unos instantes a repasar las mayúsculas y minúsculas así como la puntuación de este área 1.

Para resolver el área de publicación necesitamos observar el verso de portada de donde extraemos las dos editoriales responsables de la publicación: la Asociación Nacional y la Diputación de Cáceres (logos presentes en la parte inferior de la portada).

En el área de publicación estas entidades se transcribirán tal y como aparezcan en la fuente, sin embargo se deben normalizar cuando sean extraídas para formar los puntos de acceso.

Ambas entidades localizan sus sedes en la ciudad de Cáceres y la fecha de publicación se obtiene de la información que sobre la edición figura en el mismo verso de portada. En este caso, el año de publicación y el año de celebración del congreso coinciden pero no tienen por qué; preste atención a este hecho.

Al tratarse de un congreso (entidad corporativa temporal), el punto de acceso principal se construirá de forma especial (*Manual de autoridades* de la BNE, 5. 3.). Para su resolución le propongo utilizar un truco o método fácil pregunta-respuesta para entidades corporativas temporales. Siga el siguiente proceso:

1. ¿Tengo el nombre formal del congreso en la portada, otros preliminares o cubierta?, ¿tengo un nombre que responde al *qué* o *de qué* trata el coloquio? El nombre formal del congreso nos informará sobre el tema de que trata. Y será algo así como: *Congreso Nacional sobre bibliotecas regionales de España* o *Congreso Nacional sobre innovación en bibliotecas españolas* o *Congreso Nacional sobre la actualidad de las bibliotecas españolas y las asociaciones de bibliotecarios nacionales.*

En este caso NO. Tengo el título del recurso, que he sacado como título en el área 1, pero ese no es el nombre oficial o formal del congreso.

Se debe de prestar mucha atención para no confundir el nombre del congreso con el título del recurso que estoy catalogando. Se deben consultar los prólogos, introducciones, cubiertas y cualquier otra fuente que aporte información al respecto.

Como la respuesta a esta pregunta es negativa, continúo con la siguiente:

2. ¿Tengo el nombre de una entidad que organiza el evento? ¿tengo la respuesta al *quién* organiza?

En este caso SÍ. Se trata del congreso nacional de la Asociación Nacional de Bibliotecas y Bibliotecarios. Es esta asociación la que organiza todos los años el evento.

Entonces, en este caso y siguiendo la norma, el punto de acceso principal se construirá de la siguiente manera: Nombre de esta asociación seguido, tras un punto, de la denominación del evento (congreso nacional) y de los datos del mismo entre paréntesis: Asociación Nacional de Bibliotecas y Bibliotecarios (España). Congreso nacional (5.º 2003. Plasencia)

No olvide la denominación del evento. Además, añadamos una indicación al nombre de la asociación para que aclare que dicha asociación nacional es española.

Si la respuesta a esta segunda pregunta fuera también negativa, es decir, si el recurso no aportara ni la denominación oficial del congreso ni la denominación de una entidad organizadora del mismo, entonces este recurso carecería de punto de acceso principal.

Como puntos de acceso obtendremos también las materias sobre las que trata el congreso. Además sacaremos el título del recurso y los responsables del mismo. En este caso, si nos hemos decantado porque en el área 1 figuren las cuatro editoras, se sacarán y normalizarán las cuatro; si solo hemos establecido la primera, sacaremos solo la primera. Por último, las editoriales encargadas de la publicación no son, en este caso, entidades comerciales, por lo que deben normalizarse e incluirse como puntos de acceso.

Para normalizar la asociación recordemos aclarar su jurisdicción mediante la adición, entre paréntesis, del lugar al que se refiere la palabra nacional.

Para normalizar la Diputación, sigo las indicaciones del *Manual de autoridades* de la BNE (5.2.), que indica que ante la institución de la administración de que se trate se incluirá su jurisdicción, es decir, el lugar sobre el cual actúa (en este caso la provincia de Cáceres). Por último, como la denominación Cáceres puede referirse a la ciudad o a la provincia, se aclarará este hecho entre paréntesis.

Sin embargo, ¿qué hubiera sucedido si en la primera pregunta de este procedimiento o truco que le propongo la respuesta hubiera sido afirmativa? Resolvamos la siguiente portada.

# Ejercicio 9

MEMORIA DEL
OCTAVO CONGRESO NACIONAL
DE FÍSICA NUCLEAR

Anteportada

SOCIEDAD ESPAÑOLA DE FÍSICA TEÓRICA Y APLICADA

**MEMORIA DEL
OCTAVO CONGRESO NACIONAL
DE FÍSICA NUCLEAR**
**8-10 DE NOVIEMBRE DE 1985**

MADRID
1986

Portada

Verso de portada

ÍNDICE

Tabla de contenido

Solución:

Congreso nacional de física nuclear (8.º 1985. Madrid)
Texto (visual) : impresión (publicado) ; sin mediación

Memoria del octavo congreso nacional de física nuclear : 8-10 de noviembre de 1985. – 1.ª ed.. – Madrid : Sociedad Española de Física Teórica y Aplicada, D. L. 1986

    298 p. ; 24 cm

    D. L. M.658-1986. – ISBN 84-3586-658-X

    1. Física nuclear–Congreso. 2. Física Teórica. 3. Física Aplicada. I. Memoria del octavo congreso nacional de física nuclear. II. Sociedad Española de Física Teórica y Aplicada, ed.

Explicación:

Tras la lectura comprensiva de las fuentes de información que se nos ofrecen (anteportada, portada, verso de portada y tabla de contenido), parece que el recurso presenta la actas de un congreso nacional sobre física nuclear que organiza la Sociedad Española de Física Teórica y Aplicada. Cuidado con la interpretación de los datos de esta portada:

El título del recurso, que es el que debe figurar en el área 1 es: *Memoria del octavo congreso nacional de física nuclear.*

Este congreso está organizado por la Sociedad y también es esta la editora del recurso, por lo que podemos observar en la contraportada.

El congreso tiene un título formal o al menos un título que indica de qué trata: Octavo congreso nacional de Física nuclear, trata de física nuclear. Por último, conocemos los datos de celebración del congreso.

Pero, ¿quién es el responsable intelectual de la publicación? Podemos suponer que es la misma sociedad, aunque este dato no está claro. Si de la consulta del recurso en su totalidad podemos disponer de información que nos indique que la sociedad es la responsable intelectual de la preparación de estas actas, además de la encargada de su publicación, entonces la indicaremos en el área 1 tras una barra. Sin embargo, si no podemos cercioranos de este hecho, no se incluirá en el área 1. En este caso, me decanto por esta última opción.

Párese unos instantes a repasar las mayúsculas y minúsculas así como la puntuación de este área 1.

Al tratarse de un congreso (entidad corporativa temporal) el punto de acceso principal se construirá de forma especial como ya se adelantó en la práctica anterior (RC, 15.2.4. B y *Manual de autoridades* de la BNE, 5.3.). Para su resolución le propongo utilizar el mismo truco o método fácil pregunta-respuesta para entidades corporativas temporales. Siga el siguiente proceso:

1.  ¿Tengo el nombre formal del congreso en la portada, otros preliminares o cubierta?, ¿tengo un nombre o título que responde al *qué* o *de qué* trata el coloquio?

En este caso SÍ. Congreso nacional de física nuclear.

Recuerde: cuidado con confundir el nombre del congreso con la entidad organizadora y/o con el título del recurso.

Como la respuesta a esta pregunta es afirmativa no necesito continuar preguntando y normalizo el punto de acceso principal para este recurso de la siguiente manera:

Nombre del congreso (Número. Año de celebración. Lugar)

Congreso nacional de física nuclear (8.º 1985. Madrid)

Observe la diferencia con respecto al caso anterior. Este encabeza por entidad temporal (un congreso es una entidad que se constituye temporalmente durante los días que se celebra), el anterior por entidad. El orden de las preguntas de este procedimiento deber ser el que le planteo. Si los invierte, el truco no funcionará y fracasará.

Como puntos de acceso también normalizaremos las materias sobre las que trata el congreso. Además sacaremos el título del recurso y, si los tuviéramos, los responsables del mismo. Por último, la editorial encargada de la publicación no es, en este caso, entidad comercial, por lo que debe normalizarse e incluirse como punto de acceso.

**Ejercicio 10**

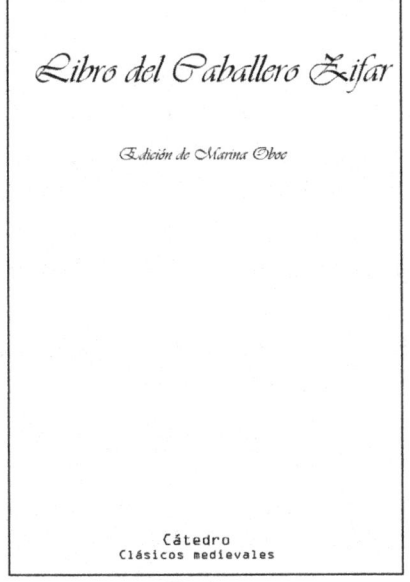

Portada              Verso de portada

Solución:

El caballero Cifar

Texto (visual) : impresión (publicado) ; sin mediación

Libro del caballero Zifar / edición de Marina Oboe. – 1.ª ed.. – Madrid : Cátedro, 2005

460 p. ; 18 cm. – (Clásicos medievales ; 36)

D. L. M-5845-1975. – ISBN 84-345-5601-8

I. Libro del caballero Zifar. II. Oboe Blázquez, Marina, ed. lit. III. Clásicos medievales (Cátedro).

Explicación:

Este recurso contiene la publicación de un clásico medieval anónimo, estudiado y comentado por la filóloga Marina Oboe.

Con los elementos que figuran en la portada, el área 1 no ofrece dificultad. Recuerde trasladar la información al registro tal y como figura en la portada, adaptado mayúsculas, minúsculas, acentuación y puntuación (detrás de la barra, los dos puntos o del punto y coma siempre minúscula).

En el margen inferior de la portada encontramos dos datos interesantes. En primer lugar el nombre de la editorial, que tiene sede en Madrid (como nos indica la contraportada). En este caso, no tenemos una fecha de publicación en la portada pero sí en la contraportada, junto a la mención de responsabilidad de la publicación.

Pero ¿qué es lo que figura debajo de la editorial, en la portada? *Clásicos medievales* es el nombre de la serie o colección a la cual pertenece este recurso. En este caso, el título de la serie está situado en un lugar atípico. Para despejar dudas, puedo utilizar otras fuentes de información con el fin de confirmar que, efectivamente, se trata del título de una serie. Normalmente, en el lomo de las ediciones figura su número; supongamos que el lomo indica 36.

El punto de acceso principal es el único elemento que tiene truco en esta práctica. Sabemos que los editores literarios figuran como puntos de acceso si los hemos transcrito en el área 1, pero no como principales. Sabemos que la obra a catalogar es un clásico anónimo. Según el *Manual de autoridades* de la BNE y las *Reglas de Catalogación* españolas, los clásicos anónimos tendrán como punto de acceso principal un título preferido o uniforme sin corchetes. Este título preferido lo obtendremos siempre del Apéndice II de las *Reglas de Catalogación* españolas.

El título que aparece en el área 1, también debe establecerse como punto de acceso, puesto que no se ha utilizado como principal. No es exactamente el mismo que el principal, en este caso; si lo fuera, no sería necesario. La editora literaria también debe sacarse y normalizarse como punto de acceso sin olvidarnos de incluir en él la abreviatura de su función. La serie necesita aclaración, puesto que no es suficientemente representativa. No saco como punto de acceso la editorial por tratarse de una empresa editorial. No tenemos materias porque se trata de una obra de carácter literario. Terminamos revisando la puntuación, acentuación y formato del registro catalográfico.

# 10. DECÁLOGO DEL BUEN CATALOGADOR

En primer lugar y, como es natural, el buen profesional de la catalogación debe contar con una base de conocimiento teórica sólida. En el segundo capítulo ha descubierto las novedades actuales en los instrumentos normativos que necesita conocer y aplicar. Es necesario, pues, mostrar interés por la actualización continua, querer conocer las novedades de la comunidad bibliotecaria y documental, especialmente en lo relacionado con las herramientas de trabajo. Y no debemos olvidar que debe esforzarse por comprender y utilizar la tecnología, los sistemas de gestión, el software que necesitará en su día a día.

El buen catalogador está abierto a nuevas formas de trabajar; tiene la mente abierta a concepciones innovadoras; no se deja llevar por tradiciones inmovilistas; es capaz de evaluar, con sentido crítico, aquello que suponga una mejora en su profesión, así como aquello que deba abandonarse.

En la aplicación de las normas y estándares es tan riguroso como flexible. Riguroso, minucioso y preciso con los detalles. Una buena **catalogación** no solo describe datos sino que los **transcribe** limpiamente con la puntuación adecuada, sin faltas de ortografía o gramática, y se presenta bien estructurada. Es flexible porque un mismo **recurso** puede mostrar distintas formas de ser representado mediante una descripción según sean las características de la institución, el fondo y los **usuarios**; debe describir por ellos y para ellos.

El profesional catalogador tiene capacidad de análisis, de selección y síntesis; sabe reflexionar, se toma su tiempo antes de comenzar, piensa en el recurso que tiene delante y, al mismo tiempo, en su fondo y en su usuario potencial; no tiene prisa por terminar el registro.

El buen catalogador forma parte de una institución o un centro o un departamento, en definitiva, de un grupo de profesionales más amplio con el que debe compartir su trabajo; sabe y procura trabajar en equipo; crea y mantiene sinergias con departamentos anejos. La catalogación no es un trabajo para solitarios.

Igualmente, esta pertenencia se ve reflejada en un interés por conocer las necesidades de información y los hábitos de sus usuarios, sus campos de interés y preferencias en materias, formatos, condiciones de acceso, etc. En este sentido, adapta el nivel de catalogación a las expectativas de las personas que hacen uso del catálogo, de forma que para ellos sea fácil encontrar lo que necesiten; evalúa periódicamente esas características para acomodarse a sus cambios; adecúa el nivel de detalle en la descripción del **registro** a aquel que el usuario es capaz de asumir.

En relación con esto, el buen profesional de la catalogación conoce los principios de la economía de la catalogación, de tal forma que, equilibradamente, proporciona descripciones lo más pertinentes posibles y, a su vez, las realiza con el mínimo coste posible. La precisión en la descripción y, especialmente, en la elección de los puntos de acceso debe ser norma.

El buen catalogador o catalogadora tiene memoria, es consistente en sus descripciones. Así, si toma una decisión al respecto de la aplicación de un criterio, mantiene dicha decisión en las ocasiones siguientes, fomentando la creación de un **catálogo** uniforme y coherente.

Busca la excelencia, pero no a cualquier precio. Es honrado: no se adjudica catalogaciones ajenas. Si se aprovecha de los beneficios del intercambio y la importación de registros, deja constancia de su origen. En estos casos, además, evalúa los registros importados y los adapta a las necesidades de su fondo y sus usuarios.

En los casos en los que el profesional trabaje en instituciones públicas o privadas de carácter filantrópico, forme parte del Cuerpo Facultativo de Archiveros y Bibliotecarios, o similar, no olvidará que la misión del profesional catalogador es, en última instancia y especialmente en estos casos, una misión social. Como se ha observado a lo largo de esta cartilla, será el encargado de conectar el recurso con el usuario, la información y el conocimiento con las personas que lo demandan. El libre acceso a la información es uno de los derechos que se consigna en los códigos deontológicos de estas instituciones; es un derecho que se regula en todos los niveles legislativos, desde los europeos hasta los locales, sin importar las características de las personas que lo ejercen. Por tanto, el buen catalogador lo fomenta, igualando las oportunidades de todos y todas, reconociendo la diversidad y multiculturalidad de sus usuarios. Fomentará así una sociedad plural y participativa creando registros adaptados, minimizando las barreras en su acceso o comprensión.

# 11. GLOSARIO

**AACR:** Anglo-American Cataloguing Rules; en español Reglas de catalogación angloamericanas (RCA). Conjunto de pautas establecidas para la descripción de recursos y la normalización de puntos de acceso del registro descriptivo. La encargada de su desarrollo y actualización desde su origen, en los años setenta, hasta hoy es la ALA. Su uso está extendido principalmente en América del Norte, Reino Unido y algunos países latinoamericanos. Tras dos actualizaciones, han sido sustituidas por la RDA.

**Agente:** En el marco del modelo LRM, es una entidad de tipo persona, familia o corporativa que muestra alguna relación de responsabilidad con una obra, expresión, manifestación o ejemplar.

**ALA:** American Library Association; en español Asociación de Bibliotecas de Estados Unidos, es una de las asociaciones bibliotecarias más grandes y antiguas del mundo, fundada por Dewey y Cutter, entre otros, en 1876.

**Análisis documental:** Conjunto de operaciones de tratamiento documental de carácter intelectual destinado a la obtención de una descripción analítica de un recurso. Comprende un análisis de contenido que se realiza a través de procesos de indización y resumen documental y un análisis formal que incluye la descripción y la catalogación del recurso, produciéndose de tales operaciones registros catalográficos capaces de representar al recurso. Su objetivo principal es facilitar su recuperación por parte de un usuario interesado. En ocasiones también es denominada descripción analítica. Véase fig. 1.

**Atributo:** En el marco de un modelo conceptual entidad-relación, los atributos se definen como aquellas características propias de una entidad o de una relación. Estas características adquieren valores que son registrados en un sistema y que conforman la descripción y representación de esa entidad o relación. Por ejemplo: un atributo de la entidad obra es su título y un valor de ese atributo título es *Cartilla para catalogar*.

**Catalogación:** Operación de tratamiento documental cuyo producto es el catálogo y que conlleva la obtención de la descripción de recursos así como la adición y normalización de puntos de acceso que conformarán un conjunto de registros catalográficos, con la finalidad de facilitar su localización y recuperación.

**Catálogo o catálogo bibliográfico:** Producto de la acción de catalogar y compuesto por los registros catalográficos de los recursos que se describen y representan mediante un estándar o norma determinada. Conjunto de registros o datos bibliográficos.

**Catálogo de autoridades:** Producto de la acción de catalogar elementos que describen o informan acerca de una entidad (persona, familia, entidad corporativa, obra, expresión, manifestación, ejemplar o materia). Conjunto de registros o datos de autoridad.

**Colofón:** Anotación que cierra el texto de un recurso, normalmente en formato libro, donde podemos encontrar datos acerca de su impresión o las vicisitudes de su producción.

**Datos bibliográficos:** Conjunto de elementos capaces de describir unívocamente y representar un recurso así como de proporcionar acceso al mismo. También es denominado registro bibliográfico.

**Datos de autoridad:** Conjunto de elementos que describen o informan acerca de una entidad (persona, familia, entidad corporativa, obra, expresión, manifestación, ejemplar o materia), normalizados según algún instrumento estandarizado. También es denominado registro de autoridad. Al conjunto de registros o datos de autoridad se le suele denominar catálogo de autoridades.

**Descripción documental, bibliográfica o de un recurso:** Redacción del asiento bibliográfico o registro descriptivo de acuerdo con unas normas o estándares. Conjunto de datos bibliográficos que describen y representan un recurso de forma unívoca, que lo identifican formalmente.

**Dublin Core:** Esquema generalista de metadatos de carácter descriptivo, desarrollado por la DCMI (Dublin Core Metadata Initiative), desde el año 1995. Permite describir cualquier tipo de objeto mediante alguna de sus 15 etiquetas, elementos o definiciones. Sin apenas estructura propone una forma de describir sencilla y universal; de ahí su éxito.

**Ejemplar:** En el marco del modelo LRM, una sola de las copias de una manifestación. Equivale al concepto de ítem definido en los FRBR.

**Encabezamiento:** Antigua denominación para los puntos de acceso normalizados, controlados o autorizados. En desuso. Véase Punto de acceso.

**Entidad:** En el marco de un modelo conceptual entidad-relación, cualquier objeto, concepto, idea, recurso, etc. con presencia propia e independiente de cualquier otra. Las entidades se pueden definir mediante sus características o atributos y pueden mantener relaciones entre ellas. Por ejemplo: Una entidad puede ser un libro. El libro tiene un título, un editor y una fecha de publicación determinados, entre otras características. Estas serán sus atributos. Por otro lado, otra entidad puede ser una autora. Ella tendrá un nombre, una fecha de nacimiento..., estos son sus atributos. Entre el libro y la autora pueden darse relaciones como esta: una autora escribe un libro. Las relaciones también pueden tener atributos: la autora escribe un libro en un año determinado.

**Entidad corporativa:** Institución, organización, asociación, grupo de personas, entidades u organizaciones que actúan en conjunto y muestran algún tipo de relación con una obra, expresión, manifestación o ejemplar.

**Expresión:** En el marco del modelo LRM, realización intelectual o artística de una obra. Conjunto de sus manifestaciones.

**Forma autorizada del nombre:** Forma del nombre normalizada mediante algún instrumento o estándar y elegida punto de acceso al registro o datos de autoridad de la entidad que describe o representa.

**Forma autorizada o normalizada del título:** Forma del título preferido para una obra de entre todos los títulos que muestran sus manifestaciones. Estará normalizada mediante algún instrumento o estándar y será elegida punto de acceso al registro. Véase Título uniforme.

**Forma variante del nombre:** Forma del nombre no elegida punto de acceso al registro o datos de autoridad de la entidad que describe o representa, de entre las posibles.

**FRAD:** Functional Requirements for Authority Data; en español Requisitos Funcionales de los Datos de Autoridad, de la IFLA. Publicados en 2009, basando su metodología en los FRBR, presentan el marco para la identificación y definición de datos o registros de autoridad de personas, entidades, familias, obras, expresiones, manifestaciones o ejemplares. Al respecto de las materias o themas véase FRSAD.

**FRBR:** Functional Requirements for Bibliographic Records; en español Requisitos Funcionales de los Registros Bibliográficos. Se publican en 1997 como un informe o estudio en el que se establece un nuevo marco para la identificación y definición de entidades de interés para los usuarios de los registros bibliográficos, sus atributos y las relaciones que se originan entre ellas, diseñándose como un modelo conceptual de tipo entidad-relación. El nuevo paradigma, desarrollado por la IFLA, ha supuesto una revolución en todos los ámbitos del análisis documental actual.

**FRSAD:** Functional Requirements for Subject Authority Data; en español Requisitos Funcionales de los Datos de Autoridad de Materias de la IFLA. A semejanza de los FRAD, el informe final, publicado en 2009, define la identificación y definición de los datos o registros de autoridad de materias o themas.

**Fuente de información preferida:** Lugar del recurso al que se da preferencia para la extracción de los datos que se transcribirán en un asiento bibliográfico para la obtención de la descripción de aquel. Suele ser la fuente más completa y se elige según un orden de prelación indicado por la norma o estándar de descripción utilizada y el tipo de recurso que se describe.

**Fuente de información prescrita:** Lugar del recurso del cual se toman la información y los datos que se transcribirán para cada elemento de la descripción bibliográfica. Suele ser la fuente más completa y se elige según un orden de prelación indicado por la norma o estándar de descripción utilizada. Toda aquella información tomada fuera de la fuente prescrita para esa área o elemento se transcribirá en el registro entre corchetes.

**GARE:** Guidelines for Authority Records and Reference Entries; en español Directrices para registros de autoridad y referencias. Publicadas por primera vez en 1984 por la IFLA. Continúa actualizándose y utilizándose para la normalización de los registros de personas, entidades y obras/expresiones que conforman los catálogos de autoridades.

**IFLA:** International Federation of Library Associations and Institutions; en español Federación Internacional de Asociaciones de Bibliotecarios y Bibliotecas. Fundada en Edimburgo en 1927, es una de las organizaciones más activas en la actualidad en el desarrollo de normas, de programas estratégicos relacionados con la difusión, preservación y conservación de bibliotecas y colecciones, así como del fomento del acceso libre a la información.

**ISAD (G):** International Standard Archival Description (General); en español Estándar Internacional General de Descripción Archivística. Publicada en 1994 por el ICA (International Council on Archives; Consejo Internacional de Archivos), se define como la norma internacional para la descripción de recursos de carácter archivístico que permite su identificación y el conocimiento del contexto de su producción y contenido.

**ISAAR (CPF):** International Standard Archival Authority Record (Corporate Bodies, Persons and Families); en español Norma Internacional sobre los Registros de Autoridad de Archivos relativos a Instituciones, Personas y Familias. Publicada por primera vez en 1996 por el ICA (International Council on Archives; Consejo Internacional de Archivos). Continúa actualizándose y utilizándose para la descripción de documentación archivística hoy en día.

**ISBD:** International Standard Bibliographic Description; en español el Estándar Internacional de Descripción Bibliográfica de la IFLA lleva entre nosotros desde el año 1971. Desde entonces es el instrumento normativo internacional de descripción bibliográfica más extendido y utilizado en el mundo. Su última actualización, de 2021, contempla el nuevo marco conceptual propuesto por los FRBR de la IFLA.

**ISBN:** International Standard Book Number; en español Estándar Internacional Normalizado para Libros. Se trata de un número identificador único para cada uno de los recursos monográficos que se publican. Está formado por una serie de números separados por guiones cortos que representan el país o lengua de origen de la publicación, su editor, el número del recurso, etc. Es un identificador de carácter comercial.

**ISSN:** International Standard Serial Number; en español Estándar Internacional Normalizado para Publicaciones Seriadas Se trata de un código identificador único para cada uno de los recursos de tipo seriado que se publican. Está formado por una serie de caracteres que indican datos acerca de su título, lugar y fecha de inicio de publicación.

**Ítem:** En el marco del modelo FRBR, una sola de las copias de una manifestación. Equivale al concepto de Ejemplar definido en el LRM. Véase Ejemplar.

**LRM:** Library Reference Model; en español Modelo de Referencia Bibliotecaria o Modelo Conceptual para la Información Bibliográfica de la IFLA. Se trata de una actualización y consolidación de los modelos conceptuales FRBR, FRAD y FRSAD, publicado en 2017.

**Manifestación:** En el marco del modelo LRM, materialización física de la expresión de una obra. Conjunto de todos sus ejemplares.

**MARC:** El formato MARC es un instrumento de alta estructura y sistematización, diseñado para solventar los problemas de normalización, compatibilidad, legibilidad y cooperación propios de las operaciones de recuperación y transferencia de registros o datos bibliográficos legibles por ordenador, mediante el etiquetado alfanumérico de las áreas y elementos propios de una descripción catalográfica.

**Modelo conceptual:** Representación, generalmente gráfica, de un sistema formado por un conjunto de elementos, conceptos, ideas, que se relacionan entre sí, así como de la descripción de su características y particularidades.

**Obra:** En el marco del modelo LRM, creación intelectual o artística. Conjunto de sus Expresiones.

**OPAC:** Online Public Access Catalog; en español Catálogo en línea. Tienen esta denominación, en general, los catálogos bibliográficos de instituciones o centros públicos (aunque también otros de carácter privado) que ofrecen su consulta en línea.

**Principios de París:** La Declaración de Principios Internacionales de Catalogación fue enunciada por primera vez en 1961 por la IFLA y sirve de marco normativo general para la normalización internacional de la descripción y catalogación bibliográfica. Los estándares y normas que se estudian en esta cartilla parten de estos principios para su definición. En 2016, una última actualización recoge los asertos de los FRBR que la obligan a ajustar su terminología.

**Proceso documental:** Se define como el método empleado en las Ciencias de la Documentación para el desarrollo de sus objetivos. En general, comprende una serie de operaciones tendentes a describir, representar, clasificar y ordenar recursos para su posterior recuperación y difusión a un usuario demandante. Véase fig. 1.

**Punto de acceso:** Nombre, término o código por el que se pueden buscar y recuperar registros o datos bibliográficos o de autoridad. Tradicionalmente, se vienen utilizando también para ordenar registros en un catálogo. Todavía hoy se sigue empleando el término encabezamiento para referirse a este concepto.

**Punto de acceso adicional:** Punto de acceso que puede adoptarse para mejorar la recuperación de datos bibliográficos o de autoridad pero que no es obligatorio o prescrito por un instrumento normativo determinado o no es el punto de acceso esencial. Véase Punto de acceso esencial.

**Punto de acceso autorizado, controlado o normalizado:** Punto de acceso preferido para una entidad y normalizado según lo prescrito por un instrumento normativo utilizado. Estos puntos de acceso se recogen y describen en registros o datos de autoridad que conforman a su vez catálogos de autoridades. Estos registros y catálogos también ofrecerán al usuario formas variantes de la entidad, no escogidas como punto de acceso autorizado.

**Punto de acceso principal o esencial:** Punto de acceso elegido por ser descriptivo de un atributo o relación principal de una entidad. Todavía hoy se sigue empleando el término encabezamiento principal para referirse a este concepto.

**Puntuación prescrita:** En relación con la transcripción de los elementos de una descripción en el asiento, se trata de la puntuación obligatoria que debe separar a los elementos según la norma o estándar utilizado para ello.

**RDA:** Resource Description and Access; en español Descripción y Acceso a Recursos o también Recursos, Descripción y Acceso, pretende convertirse en el estándar de descripción bibliográfica de referencia internacional, desarrollada por el Joint Steering Committee, en sustitución de las AACR y bajo los presupuestos de los FRBR, permitiendo ubicar el código de catalogación bajo el modelo conceptual entidad-relación. Para ello, actualiza la solidez de las áreas y elementos de la descripción clásica de acuerdo con las necesidades de los usuarios y la diversidad de recursos informativos. Se publicó por primera vez en 2010 y se presenta como estándar de contenido, no solo de presentación, como las normativas de descripción anteriores, ya que también contempla la descripción de las relaciones que se producen entre las entidades presentes en el momento de la descripción.

**Recurso:** En esta cartilla, debe entenderse recurso como cualquier entidad, tangible o intangible, que recoge o contiene contenido intelectual o artístico.

**Registro bibliográfico o catalográfico:** También denominado Datos bibliográficos. Conjunto de elementos capaces de describir unívocamente y proporcionar acceso a un recurso bibliográfico.

**Registro de autoridad:** También denominado Datos de autoridad. Conjunto de información acerca de una persona, familia, entidad corporativa, obra, expresión, manifestación, ejemplar o thema que se crea para controlar las formas autorizadas o normalizadas de sus denominaciones, de manera que puedan conformar puntos de acceso al registro bibliográfico.

**Registro descriptivo:** También denominado asiento bibliográfico o descripción bibliográfica. Conjunto de datos bibliográficos que describen y representan un recurso de forma unívoca, que lo identifican formalmente. No incluye puntos de acceso.

**Relación:** En el marco del modelo conceptual entidad-relación, conexión o vínculo entre entidades.

**Ruido documental:** Anomalía no deseada que se produce durante la operación de recuperación de datos o información. En este caso, el listado de resultados de la búsqueda incluye recursos no pertinentes. Véase Silencio documental.

**Silencio documental:** Anomalía no deseada que se produce durante la operación de recuperación de datos o información. En este caso, el listado de resultados de la búsqueda no incluye recursos pertinentes que están en el catálogo. Véase Ruido documental.

**Thema:** En el marco del modelo LRM, cualquier entidad que pueda asimilarse a la materia definida para representar el contenido de una obra.

**Título preferido:** Forma normalizada del título y que se emplea como punto de acceso. Todavía hoy se sigue empleando el término título uniforme para referirse a este concepto.

**Título uniforme:** Antigua denominación para las formas normalizadas del atributo título empleadas como punto de acceso. Hoy día, en algunos instrumentos normativos título preferido o forma normalizada del título.

**Transcribir:** En catalogación, entiéndase trascribir como la acción de pasar o copiar la información extraída del recurso al registro bibliográfico, siguiendo las indicaciones de una norma o estándar elegido para ello.

**Unidad de información y documentación:** Lugar en el que se produce el proceso documental: biblioteca, archivo, museo, centro de documentación o, en general, cualquier centro o institución en la que se lleven a cabo procesos documentales. En grandes organizaciones podemos encontrar un departamento especializado denominado de proceso técnico o similar.

**Usuario/usuaria:** Cualquier persona, familia, entidad, institución o incluso dispositivo tecnológico que busca en un catálogo y utiliza los registros de un catálogo para satisfacer sus necesidades informativas.

# 12. BIBLIOGRAFÍA COMENTADA

## Reglamentos y normativas

BIBLIOTECA NACIONAL DE ESPAÑA (2023): *Formato MARC 21 para registros bibliográficos*, edición completa, octubre de 2011, última actualización núm. 36 de junio de 2023, traducción al español realizada por la BNE. https://www.bne.es/es/publicaciones/marc21-registros-bibliograficos[12] [12-05-2024].

– (2022): *Normas, estándares y políticas de proceso técnico*, Madrid, Biblioteca Nacional de España, disponible en: https://www.bne.es/es/servicios/servicios-para-bibliotecarios/normas-estandares-politicas-proceso-tecnico[13] [08-05-2024].

---

[12] Hoy día esta es la edición más actual del formato internacional más extendido en nuestro país y utilizado en nuestro sistema bibliotecario nacional para la automatización de registros catalográficos.

[13] En esta web, desarrollada y mantenida por la BNE, se puede encontrar multitud de recursos relacionados con la descripción documental. Se incluyen enlaces a las normativas vigentes y anteriores con explicaciones y breves artículos sobre ellas. También es posible, desde la misma página, acceder a recursos para profesionales de la información y opositores con bibliografía y recursos de interés. Es una web de actualización continua.

- DEPARTAMENTO DE PROCESO TÉCNICO (2014): *Manual de autorida-des*, Madrid, Biblioteca Nacional de España http://www.bne.es/es/Micrositios/Publicaciones/AUTORIDADES/[14] [21-05-2024].

IFLA (2022): *ISBD: Descripción Bibliográfica Internacional Normalizada*, actualización de 2021 a la edición consolidada de 2011, traducida al español, Madrid, Biblioteca Nacional de España https://repository.ifla.org/handle/123456789/2491[15] [18-06-2024].

- (2017): *Modelo de Referencia Bibliotecario de la IFLA. Modelo Conceptual para la Información Bibliográfica. Definición de un modelo de referencia conceptual para el análisis de metadatos no administrativos relacionados con recursos bibliotecarios*, traducción al español del documento «IFLA LRM. Library Reference Model. A Conceptual Model for Bibliographic Information, realizada por la Subdirección traducciones de la Biblioteca del congreso de la Nación Argentina», grupo editorial de consolidación del Grupo de Revisión de los FRBR de la IFLA, diciembre 2017 https://repository.ifla.org/bitstream/123456789/43/1/ifla-lrm-august-2017_rev201712-es.pdf[16] [17-05-2024].

---

[14] Como se indica en la misma web, el *Manual de autoridades* de la BNE es el empleado por el Departamento de Proceso Técnico como documento de trabajo para la normalización de los puntos de acceso del catálogo. En él se recogen las directrices que deben tenerse en cuenta para ello, pero también las modificaciones que sean necesarias para mantenerlo actualizado de acuerdo con los estándares actuales. Es el documento que recomiendo para normalizar puntos de acceso (antiguamente denominados encabezamientos).

[15] A día de hoy esta es la publicación más actual del estándar internacional de descripción más extendido en nuestro país y utilizado en nuestro sistema bibliotecario nacional para la descripción de recursos.

[16] Se trata de una actualización y consolidación de los modelos conceptuales FRBR, FRAD y FRSAD, publicado en 2017. Es el marco teórico que ofrece el modelo conceptual en el que se basan los estándares y normativas de descripción y catalogación actuales. Recomiendo la lectura de los FRBR previamente a esta.

– (2016): *Declaración de principios internacionales de cataloga-ción (PIC)*, traducción española a cargo de Elena Escolano Rodríguez, Ricardo Santos Muñoz, revisión por María Violeta Bertolini y Alejandra Muñoz Gómez, mayo 2017. https://www.ifla.org/wp-content/uploads/2019/05/assets/cataloguing/icp/icp_2016-es.pdf[17] [08-05-2024].

– (2012): *Requisitos Funcionales para Datos de Autoridad de Materia (FRSAD). Un modelo conceptual*, editado por Marcia Lei Zeng, Maja Zumer y Athena Salaba, informe final diciembre de 2008, traducción Pascual Jiménez Huerta, Lourdes Alonso Viena (BNE), febrero 2012 https://repository.ifla.org/bitstream/123456789/836/1/Ifla-series-on-bibliographic-control-vol-43-es.pdf [18-06-2024].

– (2009): *Requisitos Funcionales de los Datos de Autoridad (FRAD). Un modelo conceptual*, editado por Glenn E. Patton, informe final diciembre de 2008, traducción al español realizada por la comisión de traducción de la BNE, marzo 2009 https://www.ifla.org/wp-content/uploads/2019/05/assets/cataloguing/frad/frad_2009-es.pdf [09-07-2024].

– (2004a): *Directrices para Registros de Autoridad y Referencias*, segunda edición revisada por el Grupo de Trabajo de la IFLA para la Revisión de las GARE, traducción de Justo García Melero, BNE, Madrid, Ministerio de Cultura https://www.ifla.org/wp-content/uploads/2019/05/assets/hq/publications/series/23-es.pdf[18] [08-05-2024].

---

[17] Conocidos comúnmente como Principios de París, fueron formulados por primera vez en 1961 por la IFLA y sirven de marco normativo general para la normalización internacional de la descripción y catalogación bibliográfica. Los estándares y normas que se estudian en esta cartilla parten de estos principios para su definición. En 2016, una última actualización recoge los asertos de los FRBR que la obligan a ajustar su terminología.

[18] Pautas propuestas por la IFLA para la descripción y normalización de registros de personas, entidades y obras/expresiones que conforman los catálogos de

- (2004b): *FRBR. Requisitos Funcionales de los Registros bibliográficos. Informe final*, traducción de Xavier Agenjo y María Luisa Martínez-Conde, Madrid, Ministerio de Cultura. https://www.ifla.org/wp-content/uploads/2019/05/assets/cataloguing/frbr/frbr-es.pdf[19] [15-05-2024].

*RDA. Recursos, descripción y acceso* (2016), RDA Steering Committee, dir. Octavio G. Rojas L., coord., Bogotá, Rojas Eberhard[20].

*REGLAS de Catalogación. Edición nuevamente revisada* (2010), 7.ª reimp., Madrid, Ministerio de Cultura, Subdirección General de Publicaciones, Información y Documentación. https://www.libreria.cultura.gob.es/libro/reglas-de-catalogacion_3902/[21] [03-05-2024].

---

autoridades. La última actualización, de 2004, incorpora la nomenclatura de los FRBR.

[19] Los FRBR enuncian unos principios totalmente renovados para el análisis y descripción documental basados en una nueva formulación teórica. Para ello, aprovecha el modelo conceptual entidad-relación estableciendo un conjunto de entidades y relaciones y definiendo sus atributos en base al estudio realizado sobre las necesidades de un usuario que sistematiza y unos sistemas de gestión automatizada moderna.

[20] Amplísimo y detalladísimo manual de RDA. Hasta el momento el mejor con el que contamos en lengua española, cuyo desarrollo ha sido dirigido por el RDA Steering Committee, revisado por un comité internacional formado por Mar Hernández, Pilar Tejero, Ricardo Santos, Roberto Gómez, Carmen Yasmina, Rosario Valencia y Manuel García. La traducción está a cargo de Egeo García, bajo la coordinación general de Octavio Rojas. Para navegar por sus contenido –no está paginado–, cuenta con un sistema numérico situado en la parte inferior de las páginas que nos orienta dentro del capítulo y, en el encabezado superior, nos remite a una tabla de contenido organizada por secciones y capítulos. Completan el manual apéndices relativos al uso de mayúsculas, abreviaturas, sintaxis, normalización de puntos de acceso, fechas, relaciones y un glosario.

[21] Nuestras clásicas Reglas de Catalogación españolas están en desuso y han dejado de actualizarse. Contienen la adaptación al sistema español del estándar internacional ISBD así como unas reglas básicas de normalización de puntos de acceso, obsoletas frente al *Manual de autoridades* de la BNE. Si bien siguen siendo consultadas en los departamentos de proceso técnico de nuestras instituciones, se utilizan puntualmente. La última actualización del ISBD contempla y resuelve cuestiones que las reglas ya no aborda.

Manual práctico

Olaran Múgica, María (2016): *ISBD consolidada y MARC 21: manual práctico para catalogadores*, Madrid, Arco Libros[22].

Clásicos muy modernos y otros recursos de interés

ANABAD (2015): *Boletín de la Federación Española de Asociaciones de Archiveros, Bibliotecarios, Arqueólogos, Museólogos y Documentalistas*, LXV, núm. 2, abril-julio, *Número especial dedicado a RDA* https://dialnet.unirioja.es/ejemplar/410204 [26-06-2024][23].

Avram, Henriette D. (1972): *Recon Pilot Project*, Washington, Library of Congress.

– (1968): *The Marc pilot project: Final Report on a Project*, Washington, Library of Congress.

---

[22] Es este un buen manual para practicar la catalogación, aunque si se fija en su fecha de publicación podrá deducir que excluye cualquier alusión a los conceptos del nuevo modelo estudiados aquí. En todo caso, es el manual práctico más actualizado con el que contamos hoy en día –no hay, en este momento ningún manual adaptado–. Su autora ha sido profesora de diversas asignaturas relacionadas con el análisis documental en la Universidad Carlos III de Madrid y es preparadora de oposiciones. Además de esta monografía, publicó otras de similares características y materiales didácticos sobre catalogación, clasificación, normalización de entidades, etc.

La monografía incluye 111 portadas para catalogar en ISBD y MARC 21 con la solución y su explicación detallada, aludiendo al punto del estándar o formato en el que se encuentra lo referenciado. Es muy interesante el hecho de contar con un índice que, en formato de tabla, sistematiza los conceptos y campos que se ejercitan en cada una de las prácticas, facilitando el poder trabajar sobre una cuestión concreta.

[23] Para aquellos que se acercan por primera vez a la RDA, este monográfico trató de poner en valor la nueva RDA, analizando sus fortalezas y descubriendo también sus debilidades y los problemas que en un sistema bibliotecario como el nuestro podría encontrar. Algo anticuado sigue aportando valiosa información sobre la norma, bajo distintos enfoques.

– y RATHER, John C. (1973): *National aspects of creating and using MARC/RECON records*, Washington, Library of Congress[24].

BIBLIOTECA NACIONAL DE ESPAÑA (2015): *Fuentes de información en RDA e ISBD. Análisis de diferencias*, Madrid, BNE, Servicio de Catalogación, Departamento de Proceso Técnico, en:https://www.bne.es/sites/default/files/repositorioarchivos/informe_analisis_rda_isbd%5B1%5D.pdf [Fecha de consulta: 26 de junio de 2024].[25]

GARRIDO ARILLA, María Rosa (1999): *Teoría e historia de la catalogación de documentos*, Madrid, Síntesis[26].

ORTEGA Y GASSET, José (1962): *Misión del Bibliotecario y otros ensayos afines*, Madrid, Revista de Occidente.

OTLET, Paul (2007): *El tratado de documentación: el libro sobre el libro: teoría y práctica*, María Dolores Ayuso García, trad., Murcia, Universidad de Murcia[27].

---

[24] Textos originales, redactados a modo de informes, por la ideóloga del formato MARC. Estos son los más conocidos y pueden encontrarse en versión digital en la web. De su lectura obtendrá una nítida descripción de la historia, origen y desarrollo de este formato universal.

[25] Para continuar con estudios relativos a la RDA, se recomienda la lectura de este análisis de diferencias entre las fuentes principales de información que vienen utilizándose en el ISBD y las que recomienda la RDA. Es este un aspecto que ha sido definido en esta cartilla como importante, pues de la correcta identificación de los datos en el lugar correcto del recurso se infiere una buena descripción de este. Recordemos también que el ISBD establece fuentes de información prescritas para la obtención de determinados datos que deben figurar en la descripción de un recurso.

[26] A pesar de la antigüedad de esta monografía, la profesora de Análisis documental de la Universidad Complutense de Madrid supo redactar este breve tratado desde la perspectiva histórica más innovadora, de forma que sigo considerándola una lectura básica hoy en día para conocer el origen de la materia. Divida en dos partes, comprende una perspectiva teórica que denomina principios sobre el procesamiento técnico de la información, en el que se aportan las claves conceptuales del área y, una segunda parte, dedicada a su perspectiva histórica, desde el período antiguo hasta el fin del siglo XX. Los anexos ofrecen una cronología, una tabla de autores, obras, instituciones y organización y un glosario.

[27] Estos dos clásicos no necesitan presentación. Simplemente, ¡léalos!

Ríos Hilario, Ana Belén (2020): *RDA. Análisis teórico y aplicación práctica de la actual normativa catalográfica*, Gijón, Trea[28].

– (2003): *Nuevos horizontes en el análisis de los registros y la normativa bibliográfica*, Gijón, Trea[29].

Roberto, Keller R. (ed.) (2008): *Radical Cataloging. Essays at the Front*, Jefferson (North Carolina); London, McFarland & Company[30].

A continuación, se añaden a esta bibliografía comentada algunos recursos de interés para la catalogación de determinados tipos de materiales (antes, materiales especiales). Para su lectura presupongo que lector debe tener un conocimiento mínimo en catalo-

---

[28] Tras una introducción relativa a generalidades acerca de los modelos conceptuales, así como de estándares y normativas de descripción, analiza en profundidad la RDA y ofrece valiosas explicaciones acerca de su aplicación práctica.

[29] Ríos Hilario es profesora del Departamento de Biblioteconomía y Documentación de la Universidad de Salamanca y está especializada en la descripción y acceso a recursos. Su tesis doctoral versó acerca de la estructura conceptual del registro bibliográfico tradicional, la funcionalidad de las Reglas de Catalogación españolas y la pertinencia del formato IBERMARC. Cuenta con numerosas publicaciones acerca de la RDA y, en general, la práctica catalográfica. En este último sentido, la misma editorial TREA publicó en 2006 su manual *Prácticas de catalogación*, en la que podemos encontrar propuestas prácticas resueltas y su explicación. No se ha incluido esta en el apartado de manuales porque la considero ciertamente desactualizada al basar sus descripciones y comentarios en las Reglas de Catalogación españolas y el formato IBERMARC, ambos en desuso. En esta otra monografía Ríos estudia el concepto, estructura e historia del registro bibliográfico. Analiza los conceptos de entidades, atributos y relaciones del modelo conceptual y los confronta a las necesidades informativas de los usuarios. Un último capítulo desarrolla reflexiones acerca de la catalogación de nivel mínimo. Incluye una extensa y valiosa bibliografía.

[30] Interesantísimo y fresco es este recurso formado por capítulos independientes que exponen temas relacionados con la catalogación desde puntos de vista prácticos y tratados por especialistas en la materia que desarrollan su actividad laboral en ámbitos anglosajones. Se trata de reflexiones y disquisiciones propuestas por catalogadores y catalogadoras con amplia experiencia que se enfrentan a problemas cotidianos y sus propuestas de resolución –cuando se encuentran–.

gación general, ya que no suelen detenerse en la explicación de conceptos generalistas o de aplicación a recursos en general sino que vienen a especializarse en aquellas cuestiones que precisan de aclaración en relación con el tipo documental afectado.

ESTIVILL RIUS, Assumpció (2006): *Catalogación de recursos electrónicos*, Gijón, Trea.

RECIO CRESPO, Miguel Ángel, ed. (2016): *El lenguaje sobre el patrimonio. Estándares documentales para la descripción y gestión de colecciones*, Madrid, Ministerio de Educación, Cultura y Deporte.

SÁNCHEZ MUÑOZ, David (2019): *Cómo catalogar obras de arte y objetos artísticos*, Valencia, Universitat.

Para ponerse al día o profundizar en el modelo entidad-relación general, así como en su aplicación para el diseño de las bases de datos y sistemas de gestión de información que soportan nuestros catálogos, recomiendo la lectura o consulta de:

MIGUEL CASTAÑO, Adoración de y otros (2001): *Diseño de bases de datos: problemas resueltos,* Madrid, RA-MA.

SILBERSCHATZ, Abraham y otros (2007): *Fundamentos de diseño de bases de datos*, 5ª ed., Madrid, McGraw-Hill Interamericana de España.

# 13. TABLA DE FIGURAS

# 14. ÍNDICE ANALÍTICO